日本人なら知っておきたい陰陽道

Takemitsu Makoto
武光 誠

KAWADE夢新書

装幀◉こやまたかこ
図版作成◉ファクトリー・ウォーター
AKIBA
アルファヴィル

日本人なら知っておきたい陰陽道／目次

序章 私たちの生活や人生に息づく陰陽道の知恵

一章 〝東洋の経験科学〟陰陽道と現代サイエンスの違いとは

●いま陰陽道を知り、見直すことの意義

二章

陰陽道はいかに成立し、どんな世界観なのか

●森羅万象の因果関係を説く陰陽五行《ごぎょう》説

六章 年中行事に込められた陰陽道の思想とは

●「門松」「豆撒《ま》き」「精霊《しょうりょう》流し」…の真の意味

七章 幸福な暮らしを追究する風水と家相判断

●大地の「気の流れ」をいかに取りこむか

八章 陰陽道は神道といかに融合したか

●天皇制と神事に浸透した陰陽道の歴史

九章　陰陽道にもとづく一生のリズムと開運の知恵

●「九星占術」「天中殺」「厄年」…の考え方

終章　科学全盛の時代における陰陽道の活かし方

序章 私たちの生活や人生に息づく陰陽道の知恵

●健康と陰陽道

陰陽道《おんみょうどう》とは、きわめてわかりにくいものである。しかし「東洋の経験科学」と呼ぶべき陰陽道のなかには、現在の私たちにも有効な知識が多くふくまれている。

陰陽道は、多分野にまたがる学問である。陰陽道の原理をもとに、多様な学問が生まれ、さまざまな有力な技術や知識が生まれた。陰陽道のもっとも核になる部分は、自然の成り立ちを説明する自然科学であり、人の生き方を考える哲学であった。

そして、そこから暦作りや、年中行事、あるいは九星、十二支、家相、墓相といった占術に近いものまでつくられた。

しかし、陰陽道のなかでもっとも現代人の生活と関わる部分は、陰陽道による健康法である。陰陽道は、「すべての人間が、健康で長生きすること」をもっとも重んじた。そのために、陰陽道にもとづいて、漢方薬、鍼灸《しんきゅう》、気功《きこう》、食養《しょくよう》などの多くの健康法がつくられた。

このような健康法は、つぎのような考えをふまえて発展してきたものだ。

「自然をつかさどる天（気ともいう）が定めた法則に従って生きれば、誰もが病気にかからない。病気とは、人間が生まれながらにもつ自らの『気』を傷《いた》めることが原因で起きる。だから不養生をしてうっかり自らの『気』を傷めてしまったら、正しい生活にもどせばよい。そうなれば、体のなかにある『気』がしだいに回復していく」

陰陽道の原理にかなった生活をすることが、病気を防ぐことになるといわれる。

陰陽道のなかには、健康に役立つ知識が多い。これは陰陽道が、

「個々の人間が自然に育てられている」

とする発想に立つ社会のなかで発展してきたものであることからくる。このあたりの詳細はのちほど説明しよう。

●陰陽道の自然観

江戸時代末までの日本は、農業中心の社会であった。そうした時代にあっては、自然と

の調和を求める「東洋の経験科学」が重んじられたのである。

人びとは、人間も動物も木も草も、大きな自然の一部だと考えて生きてきた。だから、かれらは、あるがままの自然を大切にした。

しかし、明治維新以後、西洋の近代科学（物理学）が急速に日本に入ってきた。西洋の科学技術によって、さまざまなものが工場で大量生産され、全国に鉄道が敷かれた。

さらに農業の分野にも、近代の技術が入りこんできた。農作業は機械化され、化学肥料や農薬を用いた食糧の量産が行なわれた。このような近代科学は、たしかに人々を豊かにした。

しかし近代化は、人間と自然との調和を崩すものでもあった。これに対して、陰陽道は「人間は自然に生かされている」といった考えのうえに組み立てられている。

そこで陰陽道には、近代科学だけでは解決できない、さまざまなことを補う役割があるように思われる。

●陰陽道と吉凶判断

陰陽道は、「すべての自然をつかさどる天（気ともいう）が、すべての人間に幸福をもたらす」とする世界観のうえにつくられた。天の意志に従って生きれば、誰もが楽しく過ごせるというのである。自然の流れに調和することが、天の意志に従うことだとされた。

陰陽道では、「吉凶」の判断を重んじる。「凶」を避けて「吉」になるように心がければ、幸福になれるというのだ。

ここでいう「吉凶」は、「善悪」のような「黒いか白いか」をはっきりと区別するものではない。天の意志に従ったあるべき姿が、「吉」である。そして、うっかり誤った道に迷いこんだ状態が「凶」になる。

「凶」だからといって救いがないわけではない。「凶」であっても、自らの過《あやま》ちに気づいて「吉」に立ち戻れば、幸運が得られるのである。

漢方には、不養生で体をこわしても、摂生《せっせい》によって健康になれるとする考えがある。陰陽道の「凶」から「吉」へは、この発想に近いものになる。

古代中国の知識人は、陰陽、五行《ごぎょう》、十干《じっかん》、十二支、九星などを用いた計算によって、天の意志を読もうとした。天の意志を知るための法則が、つぎつぎに生み出されて発展していったのである(「陰陽」、「五行」などの個々の法則の内容については、本文中で詳しく解説していこう)。

そのために陰陽道は早い時期から、複数の法則をからめて使いこなした、きわめて複雑なものになっていった。

占術の発展と同時に、陰陽道の法則を用いたさまざまな学問や技術が育っていった。陰陽道は医術、暦の作製、農学、工芸技術など、きわめて多様な分野に展開した。

●日本の陰陽道の発展

東洋で唯一の科学的知識が、陰陽道である。だから民間の医術を学んだ者が医術を改良するときには、陰陽道の法則から手がかりを探す。新たに工芸技術を編み出そうとする者は、陰陽道の法則にかなった手法をあれこれ試していく。

しかし、厳密にいえば、中国の陰陽道の実態がそれほど複雑だったわけではない。中国では「陰陽家」「五行家」「風水師」などの個別の法則に通じた者が、独自に吉凶の判断を行なってきた。医術家は医術だけを、農学者は農学だけを学んだ。

ところが、平安時代の日本で、中国のあらゆる吉凶判断の法則に通じた陰陽師《おんみようじ》の活躍が目立つようになった。そして、かれらによって、日本独自の陰陽道が発展していった。

陰陽師たちは、中国の学問に「鬼門《きもん》」（164ページ参照）などの多くの新たな要素をくわえた。

さらに神道や仏教のさまざまな知識を陰陽道に組みこんでいった。平安時代の日本では、呪術《じゅじゅつ》的要素を強くもつ密教《みっきょう》と呼ばれる学脈がもてはやされていた。

高野山《こうやさん》を中心とする真言宗《しんごんしゅう》と、比叡山《ひえいざん》を本山とする天台宗《てんだいしゅう》が密教興隆の中心となっていた。陰陽師は密教僧としきりに交流し、密教のもつ有益な知識を学んだ。

日本の陰陽道は、占術の要素を強くもつかたちで独自の展開を遂げた。しかし、それは根元の部分で中国の「経験科学」と深く関わっていた。陰陽道は平安時代から江戸時代末にかけて日本の知識層が育てた、優れた「東洋の経験科学」であった。

このあと、陰陽道について詳しく解説していくことにしよう。

一章

●いま陰陽道を知り、見直すことの意義

〝東洋の経験科学〟陰陽道と現代サイエンスの違いとは

陰陽道の考え方とその意味

●自然現象をどう説明するか

現代の日本人の多くは、陰陽道を神秘的な心霊現象（オカルト）に近いものとみているように思える。それは安倍晴明《あべのせいめい》という陰陽師《おんみょうじ》を扱った、荒唐無稽《こうとうむけい》な歌舞伎や映画、小説が広まったことと深く関わるものであろう。

晴明は、平安時代に実在した人物である。かれは陰陽道に通じた、陰陽師であった。しかし、安倍晴明が、妖術師や魔法使いであったわけではない。

かれは、皇室や貴族の求めに応じて、陰陽道の理論にもとづいた予見を行なった。それがよく当たったために、晴明は「鬼神《きしん》の世界に通じた人物」と称賛された。

しかし、安倍晴明の占術は、個人の霊感に頼るものではなく、一定の法則に従って行なうものである。陰陽道に通じた現代の占術家ならば、晴明が予言した程度の占いを導き出すことができるはずである。

この本で詳しく述べるように、陰陽道は、科学と占術とが密接不可分に結びついたもの

●近代科学と陰陽道の比較

近代科学（物理学）	陰　陽　道
自然現象は一定の法則で起こり、個々の人間とは無関係	**自然現象**と**人間の運命**とを決める**大きな力**がある

であった。ここでいう「科学」と「占術」との区分は、明治時代に西洋の近代科学が入ってきたのちにつくられた概念である。

陰陽道のなかに、九星占い（176ページ参照）がある。そして、この九星占いのなかで、こういったことが述べられている。

「一白水星《いっぱくすいせい》の年の生まれの者は、仕事熱心な努力家で、苦労を出世に生かせる人間である」

江戸時代以前の知識人は、これを科学的事実としてとらえた。そして生まれ年の性質からくる長所を生かし、短所を出さないように努めて生きたのである。

陰陽道が受け入れられていた時代には、自然現象はすべて陰陽道によって説明されていた。

「火は、水をかけると消える」

これは、よく知られた事実だ。この現実を、単純なかたちで科学的に説明するとこうなる。

「一気に大量の冷たい水をかけられて熱を奪われたために、燃えている物の温度が下がり、燃焼している状態を維持できなくなって火が消える」

しかし、陰陽道ではそれに、「水剋火《すいこくか》」という解釈をくわえる。水《みず》など五行《ごぎょう》の「水《すい》」に属するものは、火などの五行の「火《か》」に属するものの力を損なうというのである（38ページ参照）。

●東洋の経験科学の効用

私は、陰陽道のような、近代科学以前の科学を「東洋の経験科学」と呼んでいる。物理学を核につくられた近代科学は、実験を重んじる立場をとる。観察によって万人に認められたことと、実験で証明されたことだけを、真実と認めるのである。

かつて、世界のあちこちで、多くの「経験科学」がつくられた。物理学（近代科学）も、そのなかのひとつにすぎない。

本書では『広辞苑』に従って、「経験科学」をつぎの意味の言葉として用いている。

「経験的事実を対象とした学問。実証的諸科学」

自分の目で、まちがいなく見た経験上の事実の積み重ねによってつくられた学問を、「経験科学」という。これは身近に起こった、多くの細かい事実をもとに導き出された法則である。その多くは誰もが、このようなかたちで納得するものだ。

「ああそうか。いわれてみると、たしかにそのとおりだ。私がみてきたことのなかにも、その法則に当てはまるものがある」

現代でも「迷信」といわれるものが、いくつも言い伝えられている。

「燕《つばめ》が低く飛ぶと、雨が降る」

「地震のときは、竹藪《たけやぶ》に逃げろ」

これらの迷信のなかに、近代科学で説明づけられるものもかなりある。このような経験をふまえた迷信も、「経験科学」である。

文化人類学者のクロード・レヴィ・ストロースの、興味深い指摘がある（大橋保夫訳『野生の思考』みすず書房刊）。フィリピンのハヌノー族は、土地の植物に通暁《つうぎょう》し、自生する植物の利用率が九三パーセントにおよぶ。

かれらの植物の性質に関する知識も、ハヌノー族独自の「経験科学」である。

しかし「九〇数パーセント正しい」内容の「経験科学」にあきたりない西ヨーロッパの

●科学と陰陽道の関係

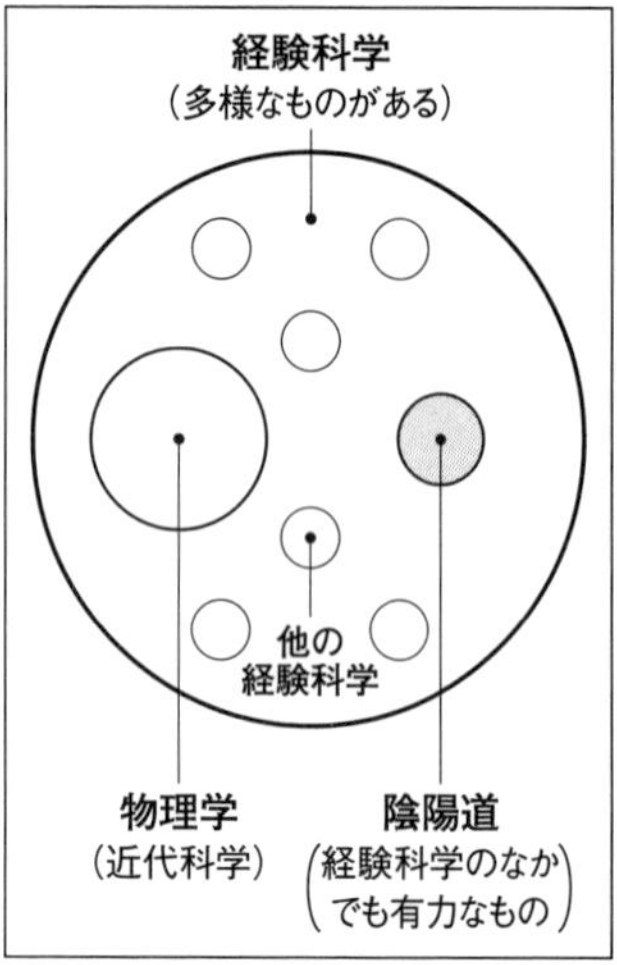

科学者が、物理学（近代科学）を生み出した。

それは実験にもとづいて、一〇〇パーセント正しいとされる法則を求めるものであった。

ニュートンにはじまる近代科学は、実験の積み重ねによって自然現象のきわめて細かい部分まで明らかにしてきた。まず、すべての物質が、分子からできているとされた。ついで、分子が原子に分解できることが明らかになった。さらに原子が陽子、中性子、電子などからなるといわれた。

近年では陽子や中性子が、素粒子（クォーク）に分かれるとされるようになった。しかし、物質を素粒子にまで分けて考えることに、何の意味があるのだろうか。日常では個々の素粒子が独立した状態で存在できないのだから。

●物理学の限界とは

生物学者の福岡伸一氏の本（『世界は分けてもわからない』講談社刊）に、面白い記述がある。福岡氏の知人でイスラム教徒の生物学研究者が、福岡氏にこう語ったというのだ。

「創造主であるアラーが、素粒子（クオーク）を造った」

近代科学（物理学）をつきつめていっても、素粒子の存在がわかるだけで、素粒子ができた経緯はつかめない。そうすると素粒子を生み出したのは、アラーのしわざ、とするほかないのだろうか。「近代科学で説明づけられないことは、信仰の世界のこと」であろうか。

実験によって一〇〇パーセント正しいとされる事項は、かぎられている。だから自然界のなかの近代科学によって明らかにできる部分はそう多くない。

このような近代科学とまったく異なる観点をとるのが、東洋の経験科学、つまり陰陽道である。なるべく多くの統計をもとに物事を判断するのが経験科学である。

だから、陰陽道のような経験科学の手法から導き出されるのは、つぎのようなことになる。

「こういったことが起こる可能性が高い」

陰陽道によって、「こういったことが一〇〇パーセント起こる」と言いきれる場合はわずかである。

そうであっても、統計をもとにした経験科学によってすべての現象を説明づけようとい

●陰陽道の考え方

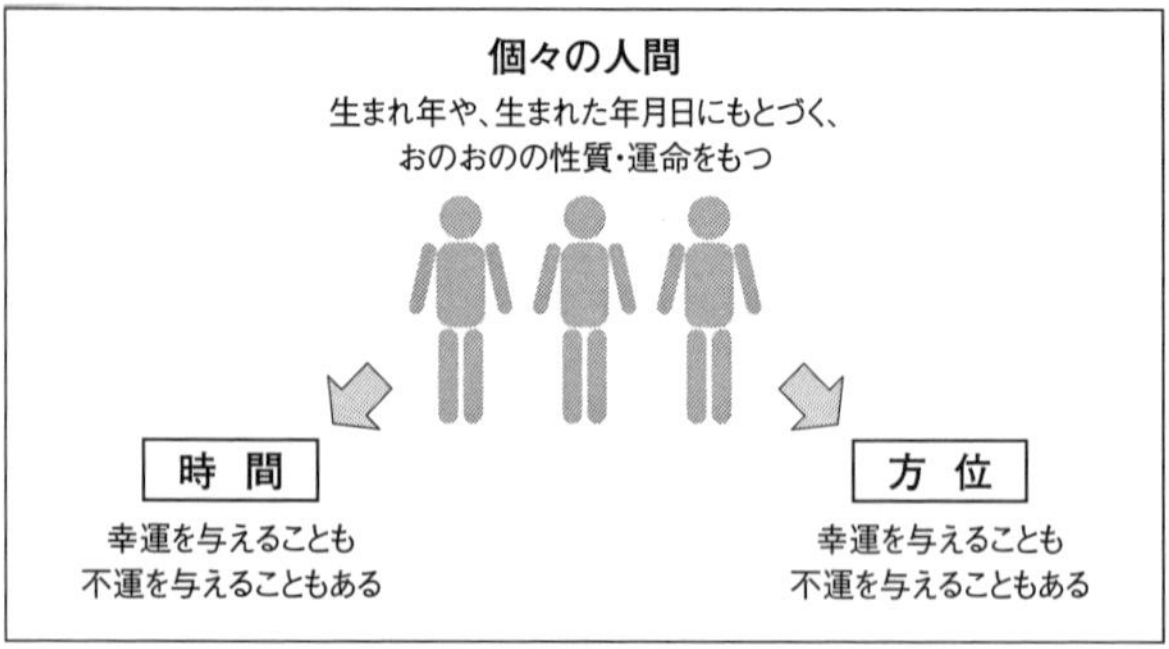
個々の人間
生まれ年や、生まれた年月日にもとづく、
おのおのの性質・運命をもつ
時 間
幸運を与えることも
不運を与えることもある
方 位
幸運を与えることも
不運を与えることもある

う野望に挑んだ学問が陰陽道である。

●自然と人間との調和

物理学を核とする近代科学は、自然現象を個人の運命と関わりのないものと位置づけた。しかし陰陽道は、それとまったく異なる立場をとる。

花が咲く、魚が育つといった自然物の動きも、個々の人間の運の流れも、ともに大きな法則に従って動いているとするのである。この法則を読みとる手がかりが、陰陽、五行、十干、十二支、九星などだとされる。これらについての簡単な解説は、このすぐ後に記すことにしよう。

陰陽道は、個人の運の流れ、時間、方向の三者のあいだに、密接な関係があるとする。

時間は、一年単位、一月単位、一日単位、さらに二時間単位に、異なる性質をもっている。だから陰陽道では、こう説かれている。

「自分の運が上昇するときに大事なことを行なえ。そうすれば、自然界のいろいろな力に助けられる。しかし、運が下降するときには、思いもよらぬ障害に出合う」

さらに陰陽道は、方角を重視する。「いまいる位置から見てよい方向にいくと、運をつかみ、悪い方向にいくと不幸に見舞われる」というのである。

西洋の近代科学をふまえた合理主義からみれば、このような考えは単なる「迷信」とされるのであろう。しかし、誰にも、このような経験があるのではないか。

「何がよいのかわからないが、あの日は一日楽しく過ごせた」

「想定外の迷惑事ばかり持ちこまれた、嫌な一日だった」

「あの日の仕事でいった先で、とんとん拍子に話がすすみ、何もかもうまくいった」

「出かけた先で、嫌なことがつづいた。ついてない日だった」

誰もが人生で日常的に、計算外の幸運と不運に出合う。

陰陽道に通じた者は、あらかじめ自分にとってよい時間や方向を計算する。そして不幸を避けて、吉運を拾おうと考えるのである。

近代化が捨てたもの

●暦注を生かす

江戸時代までの日本の知識層の多くは、日常的に暦注《れきちゅう》をみて行動した。この暦注には、日々の吉凶を知る手がかりが記されていた。

たとえば、一白水星《いっぱくすいせい》の生まれの人にとっては、六白金星《ろっぱくきんせい》と七赤金星《しちせききんせい》の日が吉日となる。ところが六白金星と七赤金星の日は、三碧木星《さんぺきもくせい》の人に凶運をもたらすことになる。

さらに、かれらは方位を重んじ、吉方向にいって行動するように心がけた。刀を買おうとする武士は、自宅からみて刀剣商の店が吉方位になる日に刀剣商を訪れたのである。運のよい刀を身につけていれば、いざ合戦となったときに刀の運に助けられると考えたのだ。

悪い方角を避けるための「方違《かたたが》え」も、日常的に行なわれた。暦注《れきちゅう》でよい方位、悪い方位を判断する陰陽道は、近代科学が入ってくる前の日本人にとってきわめて身近なものであった。江戸時代以前の暦には、当然のように暦注がついていた。

ところが現代のカレンダーは、数字をならべて、それを曜日に分けただけのものになっている。近代科学が、日の吉凶は無意味なものとしたからである。

私たちの日常の行動の多くは、「常識」に従ってなされる。かつて父母からしつけられたこと、知人から教えられたこと、マスメディアから得た情報、本やインターネットで得た情報などなど。現代の日本人が常識と考えることは、このような多様な要素から構成されている。

「常識」とされるもののなかのかなりの部分は、近代科学で説明づけられるものである。

そして、知識層のなかには、「誰もがそう考えるから」「誰もがそう行動するから」という、「常識」の人まねにあきたりない者もいる。かれらは、ときには、自らもつ近代科学の知識を用いて、複雑な事項について独自の判断をする。たとえば、癌《がん》と診断されたときに、主治医の判断に従うだけでは不安になる者もいる。かれらは医学書をあれこれ読んだり、民間療法を試してみたりする。

さらに、現代の日本にも、近代科学のほかに陰陽道にもとづく知識を味方につけようと考える者もみられる。自ら判断したり、占術家の助けを借りるかたちをとって、陰陽道でいう吉運をつかもうとするのである。

毎年秋になると、暦注つきの厚い暦の本が広く売られるようになる。このことは、心の

●暦の注記の例

日	曜日	干支		九星	六輝	中段	廿八宿
1日	金	かのとゐ	辛亥	四緑	先負	とづ	亢
2日	土	みづのえね	壬子	三碧	仏滅	たつ	氐
3日	日	みづのとうし	癸丑	二黒	大安	のぞく	房

底でおぼろげなかたちで陰陽道の占術を信じている日本人がかなりいることを物語るものであろうか。

常識のほかに近代科学の知識を使いこなせる者は、常識だけにたよる者より有利であろう。さらに、それに「東洋の経験科学」陰陽道がくわわれば、より選択の幅は増すのかもしれない。

●明治政府と陰陽道

明治政府は、西洋の科学、技術を急速に取り入れようとした。そのために教育制度を整備し、研究機関を多く設けた。この流れのなかで、陰陽道に対する禁令が出された。

明治三年（一八七〇）の「太政官《だじょうかん》布告七四五・天社神道禁止令」という法令がそれに当た

る。これは非合理だとされる日本固有の文化、伝統をなくそうとするものであった。このときに禁じられた、さまざまなもののなかに、陰陽道があった。

西洋の近代科学を学ぶとともに、朱子《しゅし》学流の陰陽道によって自然現象を説明づけ、「ひとつの事項が近代科学ではこのようになり、陰陽道ではこう説明できる」と、このようなかたちで、日常的に物事を考えてもさしつかえはない。しかし、明治政府は、西洋の強国に追いつくために日本の伝統的な科学思想を否定した。

陰陽道は、あるがままの自然に対して優しい目をむける。自然を生かしながら、それと人間との共存をはかる学問が陰陽道である。

たとえば、近代科学では、樹木などの工業材料をどれも同じものとみる。しかし、陰陽道は、樹木は一本一本がちがう個性をもつものとする。だから一つ一つの木材の性質に合わせて加工して、物づくりをせよ、とされるのだ。

江戸時代のすぐれた職人芸は、そのような自然観のうえにつくられたものだ。明治政府が陰陽道を生かすかたちをとっていれば、現在の日本人の科学思想や自然観はちがったものになっていたろう。

明治初年の混乱がおさまったあとで、陰陽道を見直す動きも出てきた。易の名人といわれた高島嘉右衛門《かえもん》らによって、陰陽道が占術として広められていったのだ。このときから陰陽道は東洋の科学ではなく、個人の私欲を図る占いとなっていった。

嘉右衛門は有力な実業家で、伊藤博文ら政府の高官とも親しかった。だから、かれは近代科学を重んじつつ、占術による利益を求めたのだ。

「当たるも八卦《はっけ》、当たらぬも八卦」という言葉は、明治以後の占術に当てはまるものだ。陰陽道で説明する自然の大きな流れをみずに、視野を個人単位の運勢判断のみにせばめると、鑑定に偏《かたよ》りが生じてくる。だから、占いが外れる場合もある。

しかし、多くの事例の統計をもとにつくられた本来の陰陽道の理論には、それなりの重みがある。九星占術は、きわめて多くの人の性格をみたうえで人びとを九星と呼ばれる九個の型に分類したものだ。そうすると、一白水星、二黒土星《にこくどせい》といったそれぞれの星の人物が、その星に応じた資質をもつ可能性は高いのであろう。

しかし、陰陽道から導き出されたものは、一〇〇パーセント正しいわけではない。本書を読みすすめて、陰陽道の知恵に触れてほしい。しかし、最終的にそれをどう評価するかは、読者の判断しだいである。

二章

陰陽道はいかに成立し、どんな世界観なのか

●森羅万象の因果関係を説く陰陽五行説《ごぎょうせつ》

陰陽道の起源

●古代中国の世界観

陰陽道は、きわめて奥深い多様なものをふくむ世界である。だから、その原理を簡単に解説するのはむずかしい。しかし、本書の読者のために、あえて陰陽道の骨格の部分だけを、わかりやすいかたちで示しておこう。

陰陽道は、すべての物事が「気《き》」によってつくられているとする考えをとる。気功《きこう》という東洋医学がある。この気功に使われるのが、「気」だとされる（80ページ参照）。

「気」は、目に見えないものである。つまり「気」は光を発せず、重さ（質量）をもたないのである。だから、現代の物理学の手法では、「気」が何かを解明することは不可能になる。

はるか昔の中国で、この「気」を「陰《いん》」なる「気」と「陽《よう》」なる「気」とに分類する陰《いん》陽《よう》説という考えがつくられた。さらにすべての「気」は、「木《もく》」「火《か》」「土《ど》」「金《きん》（ごんとも読む）」「水《すい》」に分類されるとする五行《ごぎょう》説が出された。陰陽説と五行説は、おのおの独自に発展していった。

●気と陰陽五行説

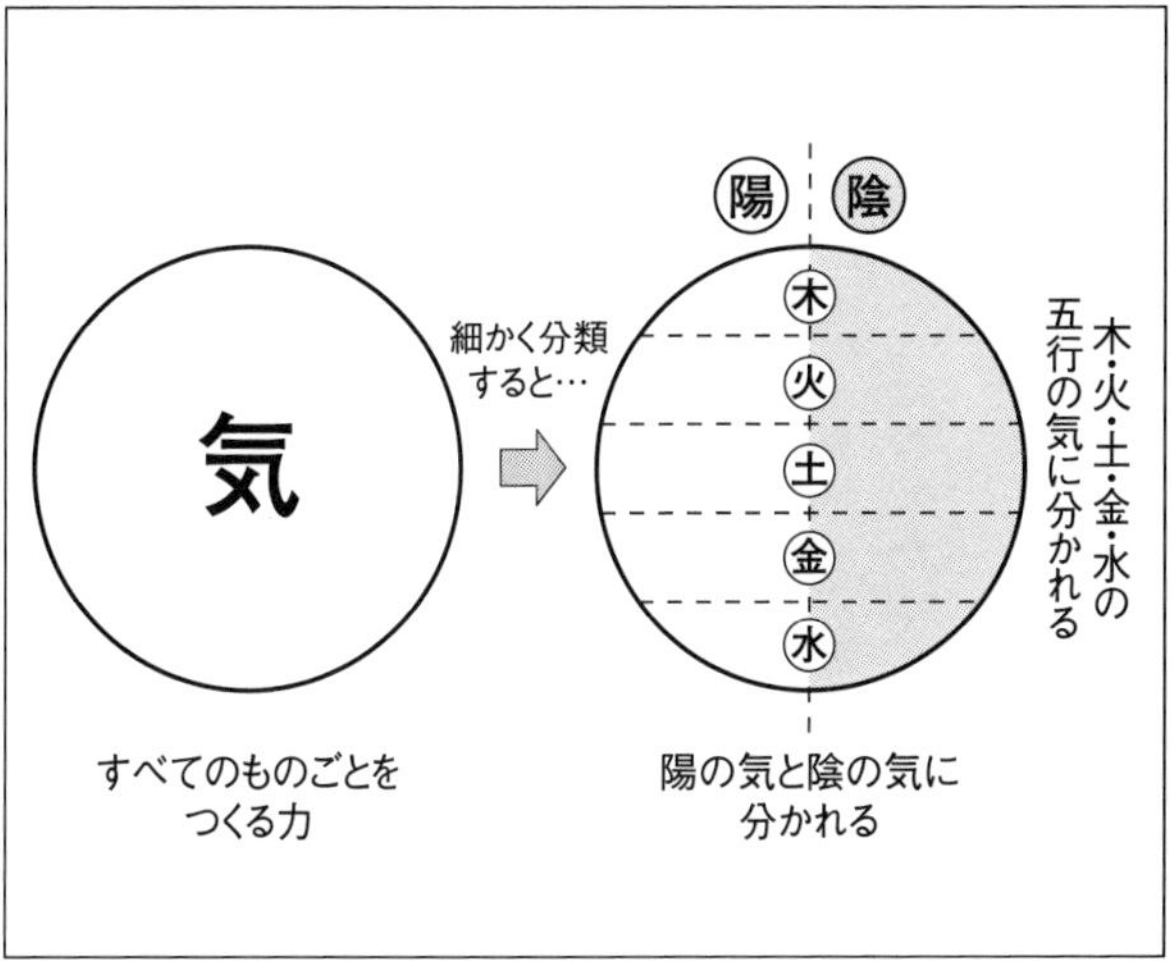
気
すべてのものごとを
つくる力
細かく分類
すると…
陽
陰
木
火
土
金
水
木・火・土・金・水の
五行の気に分かれる
陽の気と陰の気に
分かれる

「陰陽」の分け方と、「木火土金水」の「五行」の分類とは互いに矛盾するものではない。だから「木」の「気」には、「陰」なる「木」と「陽」なる「木」とがある。他の「火」「土」「金」「水」もそれぞれ、「陰」と「陽」とに分かれる。

　そのため古代中国の学者のなかから、この互いに深い関わりをもつ「陰陽」と「五行」とのはたらきによって自然現象を解説しようとする者もでた。この考えが、日本の陰陽道のもとになったのだ。

　「気」とは何かについては、後ほどあらためて詳しく考えていくことにするが、「気」の概念の起源は、たいそう古いと考えられる。

　儒教や道教には、「天《てん》」という考えがある。

中国人は、はるか昔から「天」を重んじてきた。それが儒教にも道教にも取り入れられた。この「天」とは、「万物を支配する神のようなもの」を表すとされる。そして「気」のはたらきについての説をみていくと、「気」が「『天』の意志」に近いものとされていたことがわかってくる。

つまり「気」とは、日本人が考える「神のはたらき」とほぼ同じものであった。古代日本の人びとは、雨が降り花が咲くといった自然現象をすべて神のはたらきとした。このようなあらゆるものを「神（精霊）のしわざ」ととらえる発想は、精霊崇拝《せいれいすうはい》と呼ばれる。文化人類学などの成果をもとに、あらゆる民族は最初に精霊崇拝に立つ文化をつくったと考えられている。

そうすると「気」という概念のもとになった思想は、中国文化の誕生と同時に生じたと考えられる。つまり陰陽道の起源は、古代中国の精霊崇拝にある。日本の陰陽道は、紀元前五〇〇〇年ごろに現れた中国最古の文明である黄河《こうが》文明につらなっているのだ。

●「陰陽」と「五行」の起源

「陰陽」と「五行」とを用いた中国の経験科学は「陰陽五行説《ごぎょうせつ》」と呼ばれる。この陰陽五行説が、日本で独自の発展を遂げて陰陽道となった。

陰陽五行説を大成した人物が、中国の鄒衍《すうえん》（生没年不詳）である。厳密にいえば陰陽説の学者であった鄒衍が、はじめて五行説を陰陽説に取り入れたのだという。かれは陰陽家《いんようか》と呼ばれる、諸子百家《しょしひゃっか》のなかのひとりである。春秋時代（紀元前七七〇年〜紀元前四〇三年）から戦国時代（紀元前四〇三年〜紀元前二二一年）にかけて活躍した有力な思想家が、諸子百家である。諸子百家のなかには、儒教をひらいた孔子《こうし》や、道教を起こした老子《ろうし》もいる。

鄒衍の詳しい伝記は、明らかではない。かれは紀元前三〇〇年代なかばもしくは末に、斉《せい》王朝に仕えて活躍したとされる。戦国時代の中国には七つの王朝が中国を分割していたが、斉朝はそのなかの、山東半島とその周辺を押さえた勢力である。

陰陽五行説は前漢代（紀元前二〇二年〜紀元後八年）になって大きく発展した。この時代の

●陰陽と五行誕生の時代

●戦国時代の中国

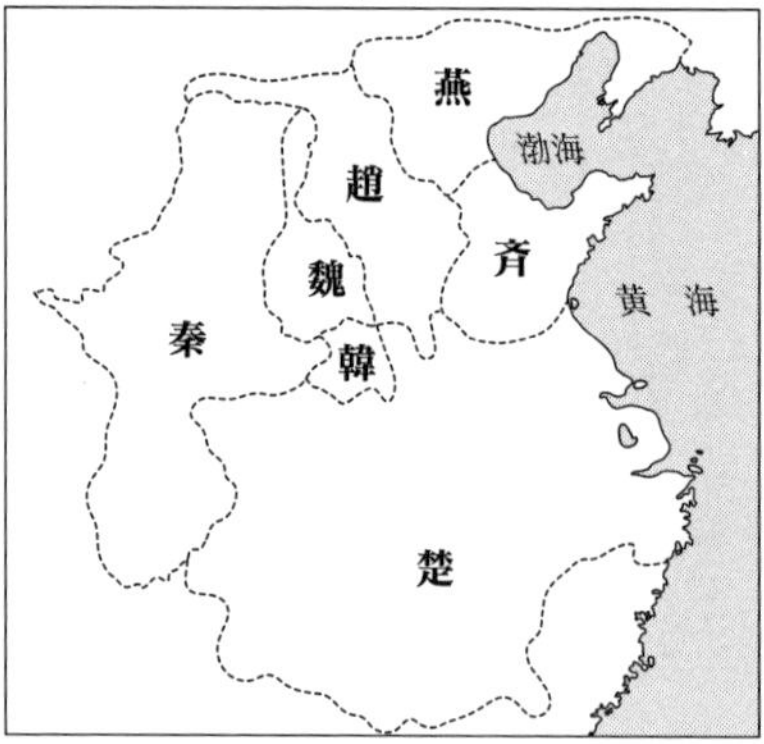

学者の多くが、鄒衍の説によっていた。

「陰陽」の概念は、鄒衍より二〇〇年余り前の『左伝《さでん》（春秋左氏伝《しゅんじゅうさしでん》）』にみえている。『左伝』は左丘明《さきゅうめい》の作とされる紀元前六世紀の書物である。左丘明が孔子の手に成る歴史書『春秋《しゅんじゅう》』に詳しい解説を付したものが、『左伝』だ。

『左伝』には、陽の気が増せば急に暑くなり、陰の気が増せば急に寒くなるとある。

いっぽうの「五行」の考えの起源は、さらに古い。周《しゅう》代（紀元前一〇二七年ごろ〜紀元前二五六年）に成立したとされる『書経《しょきょう》』の「洪範《こうはん》」という篇に出てくるのである。

そこには、周の初代の武王《ぶおう》（紀元前一〇二七即位という）が、箕子《きし》という賢者に五行について教わったと記されている。箕子は、「水は万物を潤して高いところから低いところに流れる」といったことを語っている。

ここに記したような陰陽説と五行説とが、それぞれ発展していった。そして両者が結び

八卦	意味	呼び方	象徴するもの
☰	天	乾《けん》	男、動、剛　父
☱	沢	兌《だ》	喜、悦、潤　末女
☲	火	離《り》	明、炎　中間の子(女)
☳	雷	震《しん》	震動、動作　長男
☴	風	巽《そん》	空気、潜入　長女
☵	水	坎《かん》	陥没、険阻　中間の子(男)
☶	山	艮《ごん》	止、不動　末男
☷	地	坤《こん》	女、静、柔　母

ついて陰陽五行説となった。

●陰陽説と易

陰陽道では、気の積極的なはたらきが「陽」とされ、気の消極的なはたらきが「陰」とされる。男性は陽の気が強く、女性は陰の気が強い。また太陽は陽で、月は陰だと考えられている。

古代の中国社会では、男性が外で活動することが多かった。また毎日、堂々と現れ東から西にきっちり動いていく太陽は迷いのない陽とされた。そして日によって現れる時間やかたちを変える月は、消極的な陰とみられた。

このようなかたちで、さまざまなものが陰陽に分けられたのだ。食養（74ページ参照）では、体を温める大根、人参《にんじん》などの根菜は「陽」の食物とされた。そして、体を冷やす小松菜、春菊《しゅんぎく》といった葉菜は「陰」の食物として扱われた。

前漢代にあたる紀元前一世紀なかばに、このような陰陽説が易《えき》と結びついた。中国人は古くから、二種類の印をつけたメドハギの茎を用いて吉凶を占っていた。このメドハギは、現在は細く加工した筮竹《ぜいちく》に変えられている。

易者は筮竹の束のなかの一本を引いて、そこの印によって占う。この易の印が、陰陽と結びつけられた。易では陰を「⚋」の記号、陽を「⚊」の記号で表す。そして三回筮竹を引いたときの印の、八通りの陰陽の組み合わせを、八卦《はっけ》という。

占いで出た八卦の陰陽の組み合わせのかたちによって、自分がいま置かれている状況をつかもうというのである。

筮竹を六回引いて、最初の三回の八卦とつぎの三回の八卦とを合わせた意味を探る六十四卦の占いもある。易を正確に読むには『易経《えききょう》』という難解な古典に通じる必要がある。江戸時代ごろまでの日本では、『易経』を学んだ者による易占《えきせん》が行なわれてきた。

●五行と相生、相剋

中国では古い時代から、すべての事物や現象が木、火、土、金、水の五行に分類されてきた。このような分類を集成したのが、『呂氏春秋《りょししゅんじゅう》』のなかの「十二紀《じゅうにき》」である（39ページ

●五行配当図(十二紀)

水	金	土	火	木	五行(盛徳)
宏弇	廉深	円偣	高觕	疏達	五器
彘	犬	牛	鶏	羊	五畜
黍	麻	稷	菽	麦	五穀
黒・玄	白	黄	朱・赤	青・蒼	五色
腎	肝	心	肺	脾	五臓(祭先品)
行	門	中霤	竈	戸	五祀
朽	腥	香	焦	羶	五臭
鹹	辛	甘	苦	酸	五味
六	九	五	七	八	十数
応鐘 黄鐘 大呂	夷則 南呂 無射	黄鐘之宮	仲呂 蕤賓 林鐘	太蔟 夾鐘 姑洗	十二律
羽	商	宮	徴	角	五音
介	毛	倮	羽	鱗	五虫
北	西	中央	南	東	五方位
七星 軫 氐	畢 觜嶲 柳		婺女 危 奎	尾建 星牽 牛	旦中
危東 壁婁	斗牽 牛虚		翼亢 心	参弧 七星	昏中
尾 斗 婺女	翼角 房		畢東 井柳	営室 奎胃	日躔
孟冬 仲冬 季冬	孟秋 仲秋 季秋		孟夏 仲夏 季夏	孟春 仲春 季春	十二気
冬	秋	夏(注)		春	四時

(注)ふつうは夏を「火」、土用を「土」とする

の図参照）。戦国時代に秦朝の宰相をつとめた呂不韋（?〜紀元前二三五年）が編集した百科全書を、『呂氏春秋』という。『呂氏春秋』は書名に「春秋」の語をふくむが、孔子著『春秋』とは関係なしにつくられた書物である。呂不韋の時代の秦朝は、中国統一前の現在の四川省《しょう》のあたりを支配する勢力であった。『呂氏春秋』は、『書経』が伝えるものから約八〇〇年分発展した五行説を記していることになる。

五行説によれば、木が成長するのは木の気、火が燃えるのは火の気のはたらきになる。また春は木の気が強く、夏は火の気が強いといった五行のあいだの消長もある。

五行に分かれる気というと、理解しにくいかもしれない。そこで五行を、目に見えない精霊（神）のようなものだと想定してみよう。

春になるとタンポポの花が咲き、タンポポの綿毛となった種子があちこちに飛んでいく。しかし立派に成長してタンポポの花を咲かせる種子は少ない。

陰陽道の考えは、この現象をこう説明する。

「種子が落ちたところに、木の気が寄りついてくれれば、タンポポが育っていく。しかし木の気がないところの種子からは、何も生えない」

さらに五行説の発展のなかで、木、火、土、金、水の五つの気のあいだの好き嫌いに関

●五行相生と五行相剋

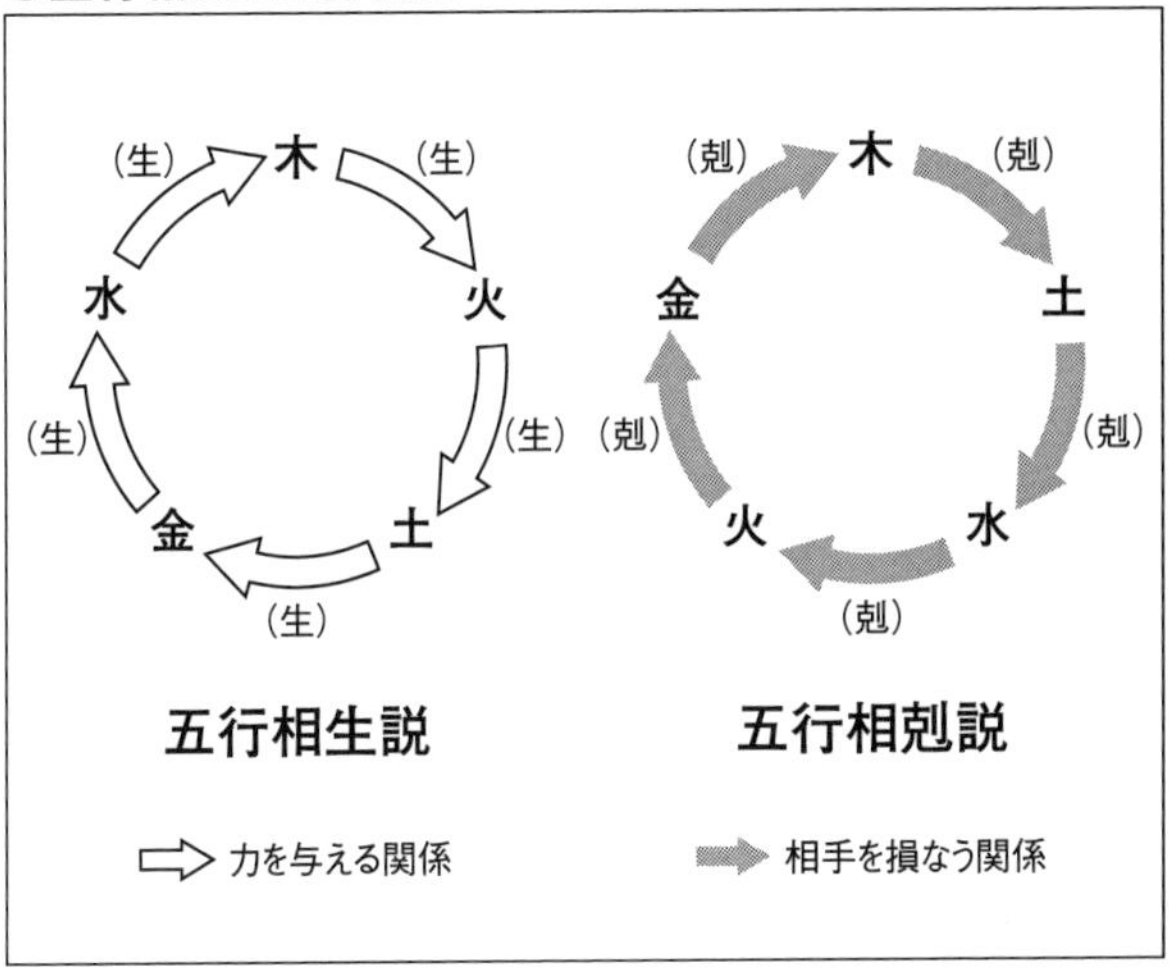

する理論もつくられていった。これを「相生《そうしょう》」、「相剋《そうこく》」という。

良い影響を及ぼす関係が相生、悪い影響を及ぼす関係が相剋である。「木生火《もくしょうか》」というのは、木が燃料になって火を生み出すことをあらわす。「火生土」は火が燃えると灰ができること、「土生金」は地中から金属が出てくることをさす。そして「金生水」は金属の表面に水滴ができること、「水生木」は水を与えると木が成長することを示している。

「水剋火《すいこくか》」は水は火を消し、「火剋金」は火が金属を溶かすことをさす。そして「金剋木」は斧《おの》などが木を斬り倒すこと、「木剋土」は木の根が土を傷めて崩すこと、「土剋水」は土が水をせき止めることを表している。

このような相生・相剋の関係は、五行に分類されるあらゆるものにみられるという。陰陽道はこの五行の相生、相剋の関係にもとづいて、さまざまな技術を生み出した。

●陰陽五行説の発展

前にも述べたように、陰陽道は東洋の経験科学である。それは物理学の手法を用いた近代科学とは、まったく異なった発想からつくられた科学である。

陰陽道の占いのなかに、つぎのものがある。

「本命日破殺《ほんめいにっぱさつ》（60ページ参照）の日に交渉事を行なったときには、自分の主張を強く出しすぎて失敗することが多い」

また「水生木」の説明によって、つぎのことを説明できる。

「水性をもつ適量の藁灰《わらばい》を農地にまくと、木性をもつ作物がよく育つ」

このような事項は、つぎのかたちに整理できる。

「こういった条件のとき(A)に、このような事を行なえ(B)ば、こういう結果(C)が出た」

陰陽道はこのかたちの事例を、限りなく集めていくことで深められてきた。そして過去に、「このような条件のときに（A）、こう（BがCに）なった」ということが一万回起こったとしよう。そうなると、陰陽道をとる者は、こう考える。

「一万回同じことが起こったならば、一万一回目も同じようになる可能性が高い」

つまり一万回の実例をふまえて、このような法則がつくられるのだ。

「このような条件のとき（A）に、こう（BがCに）なる可能性が高い」

近代科学を重んじる者は、このような推論を受け入れない。かれらは、こういう。

「同じことがこれまで一万回起こったとしても、一万一回目がそれと同じ結果になるとは限らない」

考え方としては、これも誤りではない。しかし、本命日破殺の日にたびたび不運にみまわれた者は、どう考えるだろうか。本命日破殺の日は、一か月に数回ある。本命日破殺の日を警戒して、その日は用心深く過ごしたくなるのが人情である。

「本命日破殺の日に、かならず悪いことが起きるとはいいきれない。しかし、これまでに何度か、本命日破殺の日に危ない思いをした。本命日破殺の日に災厄に見まわれた人の話を聞いたこともある。だったら、本命日破殺の日に、不用意に外出すべきではあるまい」

というのである。この考えは、たぶん正しいが、絶対的なものではない。

これは、近代科学のいう「危険な行為」とは異なる。

「光化学スモッグの出ている日に外出して運動すれば、体に悪い」

このことは、近代科学にもとづく実験によって証明されたことがらである。光化学スモッグが発生するメカニズムや人体への有害性は、一〇〇パーセント証明されているのである。だから光化学スモッグの対策は、誰にも必要なものとなる。天気予報の紫外線情報、花粉情報なども、科学的証明のうえに立つ、用心すべきことになる。これは、近代科学のいう「危険な日」に当たる。

陰陽五行説の発生期の中国では、「陰陽」というふたつの要素と、「木火土金水」の五つの要素のものとで万事を説明づけようとしたのだろう。しかし、個人個人の運命の流れを読み解くためには、より細かい分類が必要になってきた。

そのために陰陽五行説で、十干《じっかん》、十二支《じゅうにし》、九星《きゅうせい》などが使われるようになっていった。

人間の運命を読む陰陽道

●十干と十二支

甲《こう》から癸《き》までの十干《じっかん》と、子《ね》から亥《い》までの十二支は、陰陽道の暦づくりに欠かせない。十干と十二支とを合わせた、六〇通りの組み合わせがある。甲子《きのえね》から癸亥《みずのとい》までの、六〇の干《かん》支《し》である。この干支が、個々の年、個々の月、個々の日に配当されるのである。甲子の年、月、日のつぎは乙丑《いっちゅう》の年、月、日になる。そして六一年目、六一か月目、六一日目にふたたび甲子がめぐってくる。月の干支と日の干支とは、しだいに占術だけに使われるようになっていった。しかし、年の干支はかなり新しい時期にまで重んじられた。

西暦が入る前の江戸時代以前には、個々の年を年号と干支の両方で表すことが多かった。明治維新直前の慶応三年（一八六七）は、「丁卯《ていぼう》の年」とも呼ばれた（十干十二支は、たとえば甲子を「かっし」または「きのえね」とも読むように、音読みと訓読みがある）。十干と十二支は、中国の殷代《いんだい》（紀元前一四〇〇年～紀元前一〇二七年ごろ）にすでに用いられていた。殷代に、十干と十二支を用いた暦がつくられていたのだ。だから十干、十二支は、周代の「五行説」より古い。両手の指の本数を合わせると、一〇本になる。そのために古い時代の中国人は、指を折って日数を数え、一〇日をひとつの単位として扱った。

一日を一〇あつめたものは、「旬《じゅん》」と呼ばれた。この「旬」の語は、月の上旬、中旬、下旬のかたちで現在にも受け継がれている。甲から癸《き》までの十干は、もとは「一日目から一〇日目まで」を表す日を数える数字のようなものであった。そしてのちに十干が、月や年

●六十干支表（数字は干支がめぐる順番）

1	甲子《きのえね》	11	甲戌《きのえいぬ》	21	甲申《きのえさる》	31	甲午《きのえうま》	41	甲辰《きのえたつ》	51	甲寅《きのえとら》
2	乙丑《きのとうし》	12	乙亥《きのとい》	22	乙酉《きのととり》	32	乙未《きのとひつじ》	42	乙巳《きのとみ》	52	乙卯《きのとう》
3	丙寅《ひのえとら》	13	丙子《ひのえね》	23	丙戌《ひのえいぬ》	33	丙申《ひのえさる》	43	丙午《ひのえうま》	53	丙辰《ひのえたつ》
4	丁卯《ひのとう》	14	丁丑《ひのとうし》	24	丁亥《ひのとい》	34	丁酉《ひのととり》	44	丁未《ひのとひつじ》	54	丁巳《ひのとみ》
5	戊辰《つちのえたつ》	15	戊寅《つちのえとら》	25	戊子《つちのえね》	35	戊戌《つちのえいぬ》	45	戊申《つちのえさる》	55	戊午《つちのえうま》
6	己巳《つちのとみ》	16	己卯《つちのとう》	26	己丑《つちのとうし》	36	己亥《つちのとい》	46	己酉《つちのととり》	56	己未《つちのとひつじ》
7	庚午《かのえうま》	17	庚辰《かのえたつ》	27	庚寅《かのえとら》	37	庚子《かのえね》	47	庚戌《かのえいぬ》	57	庚申《かのえさる》
8	辛未《かのとひつじ》	18	辛巳《かのとみ》	28	辛卯《かのとう》	38	辛丑《かのとうし》	48	辛亥《かのとい》	58	辛酉《かのととり》
9	壬申《みずのえさる》	19	壬午《みずのえうま》	29	壬辰《みずのえたつ》	39	壬寅《みずのえとら》	49	壬子《みずのえね》	59	壬戌《みずのえいぬ》
10	癸酉《みずのととり》	20	癸未《みずのとひつじ》	30	癸巳《みずのとみ》	40	癸卯《みずのとう》	50	癸丑《みずのとうし》	60	癸亥《みずのとい》

を数えるのにも用いられるようになった。

いっぽうの十二支は、夜空に木星がみえる位置を表す記号であった。木星は約一二年間で、太陽のまわりを公転する。そのために地球からみえる木星の位置は、一二年でひと回りして元の位置にもどってくるのである。

古代の中国では、木星は「辰星《しんせい》」と呼ばれた。「辰星」とは、主なる星を表す言葉である。学者たちは、ひときわ強く輝く木星の動きから「天」の声を読み取ろうとしたのだ。さらにかれらは、一年がほぼ一二の月から成ることと、一二年で木星が夜空を一周することの不思議な一致に注目した。

そして一二支を、年月日を数える数字代わりに用いるようになったのである。

●干支と五行の関係

十干

五行	陽	陰
木	甲《きのえ》	乙《きのと》
火	丙《ひのえ》	丁《ひのと》
土	戊《つちのえ》	己《つちのと》
金	庚《かのえ》	辛《かのと》
水	壬《みずのえ》	癸《みずのと》

十二支

五行	陽	陰
木	寅	卯
火	午	巳
土	辰・戌	丑・未
金	申	酉
水	子	亥

●五行に配当された干支

十干と十二支は、本来は年月日を数える暦づくりのための記号であった。ところが陰陽五行説の発展のなかで、十干と十二支が運気の流れと深く関わることが明らかになっていった。多くの事例を調べたうえで、個々の干支が、陰陽と五行で意味づけされるようになった。これは多くの事例から特定の干支と、特定の陰陽、五行との性質とが一致することが確かめられたことによるものだ。

子は「水」の「陽」、亥は「水」の「陰」とされる。これは、限りない数の人間を観察したうえで、このような判断が行なわれたことによるものである。

「子年生まれの人間は、明らかなかたちで『水』の性質を出して生きている。亥年生まれの人間は控えめで自らの本性を表に出さないが、その行動は『水』の特質によっている」

陰陽も五行も、自然をつかさどる「気」の動きをつかむための目安である。だから「気」を「天」のはたらきとみた古代中国の知識層は、「気」が一年単位、一月単位、一日単位に変化すると唱える説に納得した。

年を数える十二支は、木星の見える位置の動きに応じた、きわめてわかりやすいものである。そのために、まず天文の明らかな変化に対応する年の十二支が個人の性質や運命を示すと唱える学者が多く出た。さらに、かれらのなかに、十二支を十二の動物にあてた者がいた。

「子年生まれの『水』の陽性の者の性格は、ネズミに似ている」

といったかたちで、多くの人に十二支占いを理解してもらおうとしたのである。さらに、観察によって方位や時刻にも十二支に対する性質があることが確かめられた。そのため十二支は、占術で重要な役割をもつようになっていった。

十二支に動物が当てられたのは、秦代(紀元前二二一年〜紀元前二〇六年)以前だとされる。しかし秦代の鹿の年がのちに馬の年になり、秦代の馬の年が羊年、鮫年が猿年、羊年が犬年に変わる形の、入れ替えが見られた。

秦代から漢代にかけての宮廷では、陰陽五行説にもとづく占術がさかんに行なわれてい

●十二支による性格

子年（ネズミ）＝ユーモアがあり、鋭い直感力を持つ
丑年（ウシ）＝忍耐強く勤勉
寅年（トラ）＝勇気と冒険心を持つ
卯年（ウサギ）＝品が良く用心深い
辰年（タツ）＝ロマンチストで完璧主義者
巳年（ヘビ）＝聡明で人をひきつける
午年（ウマ）＝行動的で陽気
未年（ヒツジ）＝平和を愛し夢見がち
申年（サル）＝頭の切れのよい弁舌家
酉年（トリ）＝几帳面でプライドが高い
戌年（イヌ）＝忠誠心に厚く正直
亥年（イノシシ）＝一本気で何でも最後までやり遂げる

た。そのことから、陰陽道の占術の原形は、この時代に整えられていったと考えられる。

だから、こういうことになる。

「陰陽道による占術家は、紀元前後という古い時代の中国人の性質や運命についての観察から得られた成果を現代の日本人に当てはめている」

しかし、そのような占術は、かなりの割合で当たる。周囲の人びとを見て、こういったことを考えた者も少なくあるまい。

「子年生まれの知人の性格はたしかにネズミに似て、たくましく世渡り上手だ」

「戌《いぬ》年生まれの者には、まじめで会社のためによく働く人間が多い」

ネズミ、ニワトリ、イヌなどにたとえられ

ることを嫌がる人もいるかもしれない。しかし古代の中国では、十二支に選ばれた動物は神や神の使いとされていた。精霊崇拝の信仰をもつ人びとは、自分の生まれ年の十二支にあてられた動物の霊力を得たいと真剣に願った。だから現代の日本でも、十二支の置物を縁起物とする発想が残っている。

●九星占術とは何か

現代の日本でもっとも盛んな占術は、九星占術ではないかと思われる。九星占術は、一《いっ》白水星《ぱくすいせい》から九紫火星《きゅうしかせい》までの九つの星による占術である。それは江戸時代末から盛んになったものである。しかし、中国における九星占術の起源は古い。中国の九星占術がつくられたのは、秦漢代（紀元前二二一年〜紀元後二二〇年）だとみられる。その占術は、「気」の動きが毎年変わり、九年で一巡するという九年周期説にたっている。

さらに九星が、方位をみる場合に中央と八方位の九区画にあてられた。九星と方位との対応は、年ごと、月ごと、日ごとに異なる（54ページの図参照）。そして、このなかの五黄《ごおう》を中央におく基本形の九区画にあてられた数字の配当は、いわゆる「魔法陣」のかたちになっている。たて、横、斜め、どの方向の数字の合計もすべて、一五になるのである。

このように記すと、九星占術が数学と関わるように思えてくるが、「一白」「二黒《にこく》」などの数字は、数とまったく無関係である。「三碧《さんぺき》」が、「一白」と「五黄」を足して二で割った性質をもつわけではない。

九星の数字は、九つの星が出現する順番を示すだけのものである。九星占術の場合には、ある期間は九星の数字が日ごとにふえていく。一白の日のつぎが二黒、二黒のつぎが三碧

●九星と方位

西北	北	東北
六白	一白	八白
西 七赤	五黄 中央	三碧 東
二黒	九紫	四緑
西南	南	東南

●魔法陣となる九星

			15
六	一	八	=15
七	五	三	=15
二	九	四	=15
=15	=15	=15	=15

タテ・ヨコ・ナナメの和がそれぞれ15になる

●九星と五行と方位

九星	五行	方位	十干	八卦	色
一白	水	北	壬、癸	坎	白
二黒	土	西南		坤	黒
三碧	木	東	甲、乙	震	碧
四緑	木	東南		巽	緑
五黄	土	中央	戊、己		黄
六白	金	西北		乾	白
七赤	金	西	庚、辛	兌	赤
八白	土	東北		艮	白
九紫	火	南	丙、丁	離	紫

といったかたちである。そして、それとは別に、日ごとに九星の数字がへっていく期間もある。九紫の日のつぎの日が八白《はっぱく》、そのつぎが七赤《しちせき》となるかたちである。

右の図に示したように、個々の九星には、それに対応する五行と方位が定められている。五黄を除く八つの星には、それと同じ性質の八卦があるとされる。

●九年周期説と人間の相性

インド占星術にも、九年周期説の考えがある。長年にわたって一年単位の自然の特性や社会の動きをみていくなかから、九年周期説がつくられたのであろう。

中国で、循環する九年に、その年の性質を表す「水星」などの五行が付された。さらにそこの「九」という数字が、中央と八方向を合わせた数字と一致した。この符合に注目して、こういったことを考えた学者がいたのだろう。

「九年周期説の五黄土星の年には、中央で『土』の性質が強まるが、それとともに北東と南西でも『土』がさかんになる。この年には南で『水』、西と北西で『木』、南東と東で『金』、北で『火』の力が強い」

この方法を用いて、きっちり九年で九星が中央と八方向とを一周するという説が出された。九星は、方位と切り離せない。そのため九星が、方位の吉凶と深く関わっていくことになった。

九星占術の発展のなかで、個人の基本的性格が生まれた年の九星と深く関わると唱えられるようになった。これは、きわめて多数の人間を観察したうえに出された考えである。そして五行の性質による、九星間の相性も重んじられた。「金生水」だから、一白水星の者

●九星のめぐり方

二	六	四
三	一	八
七	五	九

三	七	五
四	二	九
八	六	一

四	八	六
五	三	一
九	七	二

五	九	七
六	四	二
一	八	三

六	一	八
七	五	三
二	九	四

七	二	九
八	六	四
三	一	五

八	三	一
九	七	五
四	二	六

九	四	二
一	八	六
五	三	七

一	五	三
二	九	七
六	四	八

（本図では北が上となるように示したが、
九星占術では本来、南が上となる）

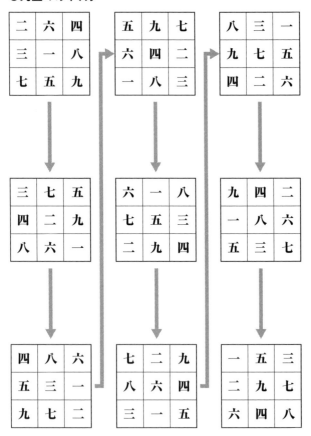

●九星による性格

一白水星《いっぱくすいせい》＝外柔内剛で他人から愛される
二黒土星《にこくどせい》＝すべてに緻密で失敗が少ない
三碧木星《さんぺきもくせい》＝陽気で進取の気性に富む
四緑木星《しろくもくせい》＝他人との和で成功する
五黄土星《ごおうどせい》＝肝のすわった英雄
六白金星《ろっぱくきんせい》＝聡明だが頑固なところがある
七赤金星《しちせききんせい》＝移り気で好奇心が強い
八白土星《はっぱくどせい》＝金儲けがうまく気前がよい
九 紫火星《きゅうしかせい》＝移り気だが独創性をもつ

●相性相剋と九星

九紫 火星	八白 土星	七赤 金星	六白 金星	五黄 土星	四緑 木星	三碧 木星	二黒 土星	一白 水星	九星／相性相剋	
三碧 四緑	九紫	二黒 五黄 八白	二黒 五黄 八白	九紫	一白	一白	九紫	六白 七赤	力を与えられる	大吉
二黒 五黄 八白	六白 七赤	一白	一白	六白 七赤	九紫	九紫	六白 七赤	三碧 四緑	力を与える	中吉
九紫	二黒 五黄 八白	六白 七赤	六白 七赤	二黒 五黄 八白	三碧 四緑	三碧 四緑	二黒 五黄 八白	一白	自分の星	小吉
六白 七赤	一白	三碧 四緑	三碧 四緑	一白	二黒 五黄 八白	二黒 五黄 八白	一白	九紫	相手を損なう	凶
一白	三碧 四緑	九紫	九紫	三碧 四緑	六白 七赤	六白 七赤	三碧 四緑	二黒 五黄 八白	相手から損なわれる	大凶

は六白金星、七赤金星の人とうまくいく。しかし「土剋水」だから、二黒、五黄、八白の土星の者と対立するというのだ。

古代の中国の貴族社会では、九星によって相性をみて互いにうまくいく男女を夫婦にする習慣がみられた。中国で有効だとされた九星占術が、日本に伝わり幅広い範囲でもてはやされたのである。

●五黄土星の年に多い戦乱

九年周期説にもとづいて九星のそれぞれの年に、その年の出来事を象徴する概念の言葉が付された。さまざまな性質の年があるが、五黄土星の年の項だけに「腐敗」「潰滅《かいめつ》」といった不吉な言葉が並んでいる。

これによって、つぎの占いが導き出された。

「五黄の年には、災厄が起こりやすい」

前に述べたように、五黄土星の年は九年ごとに巡ってくる。太平洋戦争開戦の昭和一六年（一九四一）は、五黄土星である。第一次世界大戦（一九一四年）も関東大震災（一九二三年）も、朝鮮戦争（一九五〇年）も、五黄土星の年に起こった。

●九星が象徴する意味

一白水星＝胎・孔・孤独・悩・盲・連結・衰など
二黒土星＝地・方形・母・妻・従順・粉など
三碧木星＝震・雷・顕現・発展など
四緑木星＝世間・往来・信用・風・到進・蛇など
五黄土星＝腐敗・壊滅・葬・死屍など
六白金星＝剛・大始・主人上長・動・施与後援・山岳・円・交通機関・種子果実・過分・父など
七赤金星＝金属・悦・食・財宝・礼など
八白土星＝改革変化・関節継目・止・貯蓄など
九紫火星＝高貴・頭脳・麗・表・公難・争など

●五黄土星の年に起きた事件

大事件	大事件とまでは言い切れないもの
1869　箱館戦争	
1878　竹橋事件	
	1887　大同団結運動、保安条例公布
	1896　三陸地方大津波
	1905　日本海海戦
1914　第一次世界大戦	
1923　関東大震災	
	1932　五一五事件、満州国建国
1941　太平洋戦争	
1950　朝鮮戦争	
	1959　伊勢湾台風
	1968　国際反戦デーで学生が新宿駅を占拠
	1977　日本赤軍ダッカ事件
	1986　バブル経済始まる
1995　地下鉄サリン事件	
2004　陸上自衛隊をサマワに派遣	

このあたりのことを偶然とみるか、何らかの法則によるものとみるかは、誰にも決められない。

●方位を読む

陰陽道では、個人の吉凶は年、月、日といった時間と方位によって決まるとする立場をとっている。誰もが生まれ年の十二支と九星による、独自の性質をもつ。そして自分にとって吉になる年や日に、自分と相性のよい方向にむかって行動を起こせば幸運をつかむというのだ。

自分の十二支にもとづく年や日の吉凶は、年や日の十二支によって決まる。「水生木」であるから、「木」の性質をもつ寅《とら》年と卯《う》年の生まれの者にとっては、「水」にあたる子と亥の年や日が吉である（41ページの図参照）。

そして「金剋木」であるから、寅年、卯年の人には申《さる》と酉《とり》の年と日が凶になる。

九星にも相性がある(55ページの図参照)。一白水星生まれの者には、六白金星と七赤金星の年や日が大吉である。そして二黒土星、五黄土星、八白土星の年や日が大凶となる。

方位の吉凶も、これと同じ原理で決められる。十二支には、あらかじめ決められた方位

●十二支の方位・方角

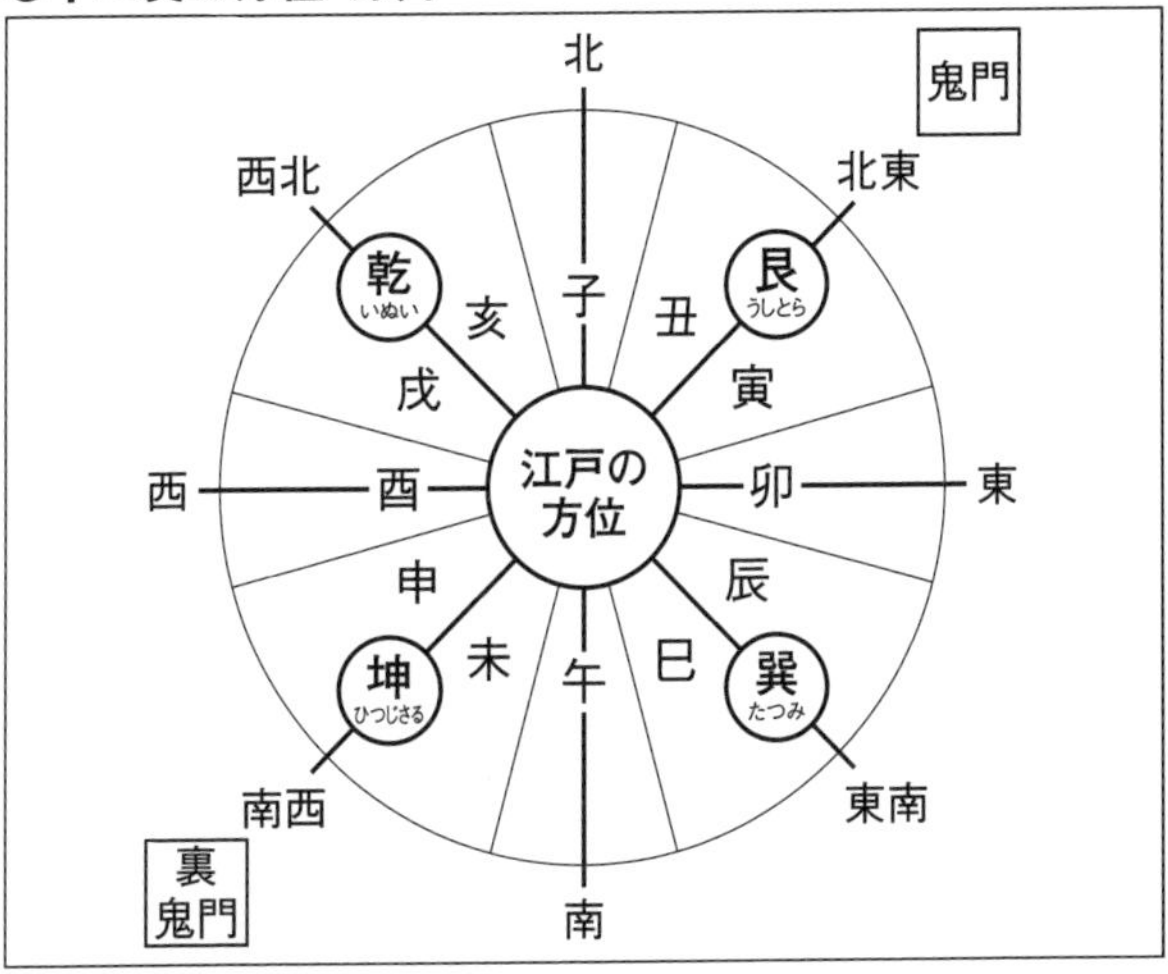

がある。これは不変のものである。

　ところが九星の位置は、年ごと、月ごと、日ごとに異なる(54ページ参照)。だからいちいち暦を調べて、自分に吉運をもたらす九星の位置を知るほかない。

　このような方位の吉凶は、ひとつの方向には、そこの十二支がもつ陰陽と五行の「気」が満ちているとする考えからつくられた。子の方位とされる北の方位には、子という十二支がもつ「陽」の強い気と「水」の強い気があるというのだ。

　九星は、五行の性質しかもたない。しかし、九星は十二支より強い五行の気をもつとされた。これは、日ごとに動いている九星が、つねに停まっている十二支より強い力をもつとされたためだ。

だから、特定の方位の年の九星、月の九星、日の九星の三者がともに自分の生まれ年の九星と相性がよいときに、その方位は吉方と考えられた。

十二支の作用と九星のはたらきとが影響し合って、大きな凶を生み出すこともあるという説もある。その日の十二支の方位の逆の方位を、「日破殺《にっぱさつ》」という。午《うま》の日なら午の方位が南方だから、北方が日破殺になる。

日破殺の方位にむかうと、思いもよらぬ不運に出合うとされた。このような日破殺は、きわめて多くの者が日破殺の方位で不運にあったという実体験からつくられたものだ。

さらに生まれ年の九星が日破殺の方位にある場合には、その日は「本命日破殺《ほんめいにっぱさつ》」になる。本命日破殺の日には、思わぬ失敗をしたり不条理な災難にまきこまれることがあるとされた。午の日に、たまたま自分の九星が北にきていれば、本命日破殺である。

一白水星の人なら、五黄土星の日に自分の星が北にくる。だから「午で五黄土星」の日には用心深く過ごさねばならない。このような陰陽道の占術は、よい「気」をもらい悪い「気」を受けないようにしようとする考えからつくられたものである。

●「気」のはたらき

古代中国の知識人のあいだで、すべての物は「気」からつくられているとする思想が生み出された。このような考えは、精霊崇拝からくるものである。だから多くの民族に、「気」に似た概念がみられる。

日本の神や魂といったものも、インドの梵《ぼん》（ブラフマン）も、「気」に近い。誰もが、孤独では生きられない。だから、こう考えたくなる。

「自分の心とさまざまな人間の心とのあいだに、互いに通じあうものがある」

そのために人びとは、あらゆる人間が共有する「気」や「梵に通じるもの」、「魂」といった存在を求めたのだ。

古代人にとって、自然は大きな脅威であった。だからかれらは、動物、植物や雨、風などを起こす力にも、「気」「梵」「魂」があるとして、自然界は人間に好意的なものだと考えようとした。

老子とならぶ有力な道家に、戦国時代に当たる紀元前四世紀ごろの人物とされる荘子《そうじ》がいる。かれの著作『荘子』に、つぎのような内容の文章がみえる。

「生と死とはひとつづきのものだ。人は『気』が集まってきたときに生まれるが、『気』が散ってしまうと死ぬ。万物は『気』によって生かされた、同一の存在なのだ」

これによって戦国時代に、すでに人間も万物も「気」から成るとする思想がつくられていたことがわかる。

そして陰陽五行説が発展した後漢代（二五〜二二〇年）には、あらゆることを「気」のはたらきで説明する世界観が一般的になった。

そして個々の「気」は、「道《どう》」「太一《たいいつ》」「元気《げんき》」などと呼ばれる万物の根源に通じるとされた。現在でも健康なありさまをさす、「元気がある」という言葉が使われる。それはもともとは、すべての存在の根源に近い気持ちに通じるよい心をもって生きる様子をさすものであった。「道」は「天」に近い概念でもある。

陰陽五行説の世界観は、「道」に通じる「気」をもつとする。そしてすべての人間が、「木」の気の人間、「火」の気の人間などに分けられることになる。誰がどの気をもつかは、生まれ年で決まる。十二支の考えでは、子年生まれの者は「水」の気と「陽」の気をもつことになる。

そして占術によって正しい「気」の流れを知れば、誰もが「道」のはたらきによって幸福になれるとされた。

●日本の陰陽道の誕生

日本では古くから、精霊崇拝をふまえた独自の信仰がつくられていた。これは、神道の原形に当たるものである。神道と陰陽五行説とのあいだには、互いに共通する部分が多かった。

中国では、「道」つまり「天」が自然現象のすべてをつかさどり、人びとの生活がうまくいくようにはたらきかけるとされた。このような「道」「天」といったもの、そしてその力の現れである陰陽、五行は、日本の神々に似たはたらきをもつものであった。

そのために古代の日本人は、陰陽五行説を抵抗なく受け入れた。陰陽五行の法則をつかむことによって、日本の自然をつかさどる神々の意図を知ろうとしたのである。

陰陽五行説が日本に伝来した年代は、継体《けいたい》七年（五一三）とされる。その年に五経博士《ごきょうはかせ》の段楊爾《だんように》が百済《くだら》（朝鮮半島の小国）から送られてきたと『日本書紀』にある。

五経博士は、儒教の古典である五経に通じた学者を表す。五経のなかには、『易経』がある。だから日本人は、まず『易経』から陰陽五行説の知識を学んだことになる。

ついで欽明《きんめい》一四年（五五三）から、百済の「医博士《いはかせ》、暦博士《れきはかせ》」などが日本にきて勤務するようになった。百済の医術も暦づくりも、中国の陰陽五行説を学んで発展してきたものだ。

かれらは日本で一定の期間勤めたのちに、つぎの者と交代した。

さらに聖徳太子のとき（六〇二年）には、百済の僧観勒《かんろく》が、暦本や天文、遁甲《とんこう》（風水）、方《ほう》術《じゅつ》（医術）の本を伝えている。『十七条憲法』を読むと、聖徳太子が仏教、儒教の他に陰陽五行説の知識に通じていたことがわかる。

陰陽五行説は、このようにして日本に輸入された。そして陰陽寮《おんみょうりょう》によって、日本独自の陰陽道がつくり上げられていった。陰陽寮は暦の作製、天体観測、占術などを扱う役所で、七世紀末におかれたものだ。陰陽寮に勤務する学者は、「陰陽師《おんみょうじ》」と呼ばれた。

陰陽師たちは、中国の陰陽五行説を日本に合ったかたちに調整していった。さらにそれを、神道や日本の民間信仰の要素をくわえて変えていった。

日本の陰陽道は平安時代には、精密な体系をもったものになっていた。日本では、占術がとくに重んじられた。そして一〇世紀の後半から一一世紀はじめに活躍した安倍晴明をはじめとして、優れた陰陽師が多く出た。

陰陽道は、「漢方《かんぽう》」などと呼ばれる東洋医学と切り離せないものであった。そして広い意味での陰陽道のなかの現代の時点でもっとも有益な部分が、漢方ではあるまいか。次章では漢方と陰陽五行の法則との関わりをみていこう。

三章

陰陽道から見た人体の仕組みと健康学

●「五臓六腑《ごぞうろっぷ》」「経絡《けいらく》」…とは、どんなものか

陰陽道の考える人体

●人体全体をみる医学

漢方（東洋医学）は、現代広く行なわれている西洋医学とはまったく異なる考え方に立つ医術である。西洋医学では、個々の症状に応じた多様な病名がつけられる。

肝臓の病気ひとつとっても、肝臓癌《がん》、肝硬変、肝炎といった多くの病名がある。そして医師は、そのような病名の一つ一つに対処する治療を施していく。

ところが漢方は、それとはまったくちがう方向をとる。身体の陰陽、五行の均衡《きんこう》（バランス）がとれるようになれば、病気は治るというのである。

このような漢方の治療は、「原因治療」と呼ぶべきものである。それは「対症療法」の西洋医学と別物で、漢方は、体全体を健康にする医術である。

こういった話を、聞くことがある。

「ある人が胃癌を切除したところ、他の部位のあちこちに癌が発生して助からなかった」

「ある人が心臓病を強い薬で治したが、治療が終わったころには体のあちこちが衰弱してめっきり老けこんでしまった」

いっぽう体全体のバランスを正す漢方の治療は、その病気に関連して弱っているほかの臓器も元気づけるものである。だから、胃を治す漢方薬を服用したときに、体の思いもよらない部分が胃とともに元気になることもある。

漢方では、病気を起こすのは細菌などのいわゆる病原体ではないという。人間の体は、本来は病気を治す力をもっている。だから、体の陰陽五行の均衡（バランス）がとれていれば、侵入してきた有害な細菌は死んでしまうのだ。

このような考えは、万物のもととなる気(天)が、人間が健康に過ごせるようにはたらきかけているとする陰陽道の世界観からくるものである。

近年では西洋医学でも、人間の体のもつ病気を防ぐ能力を「免疫《めんえき》」と呼んで重んじるようになってきた。そのために、さまざまなかたちで免疫力を高める工夫を行なう療法が広まりつつある。免疫力を高める食物やサプリメントに注目する人もいる。

漢方は、冷たい飲食物を摂ったり、寒いところで薄着で長時間過ごしたりするのは病気のもとだとする。体を冷やすとよくないというのである。

近年の免疫学の発展のなかで、冷たい飲み物や食べ物が人間のもつ免疫を阻害するという説が出てきた。それによると、アレルギー病の原因は、冷たい飲食物にもあるともいう。同じ人間の体を扱う学問であるから、漢方も西洋医学も、突きつめていくと同じところに行き着くのであろう。

●五臓と六腑とは何か

中国人は、きわめて古い時代から多くの薬草を使いこなしていた。じっさいに飲んで試して薬草をみつけていったのだ。それに動物性や鉱物性の薬がくわわって、漢方薬がつくられてきた。

漢方(東洋医学)は、漢方薬を用いた数えきれないほど多数の治療の例を積み重ねることによって発展してきた。西洋でも漢方伝来以前の日本でも、薬草は使われていた。しかし、ほかの民族は、中国人ほど精密なかたちで薬草を研究しなかった。

古代中国では、これとともに、鍼《はり》と灸《きゅう》の刺激を用いて病気を治す技術もつくられた。そして前漢代から後漢代にかけて(紀元前二〇二年~紀元後二二〇年)、医術が陰陽五行説と結びつき、陰陽五行説で説明づけられるようになっていった。

さらに病気とその治療法とを集成するなかから、五臓六腑《ごぞうろっぷ》が考えられた。それは、人間

●臓器の相生・相剋

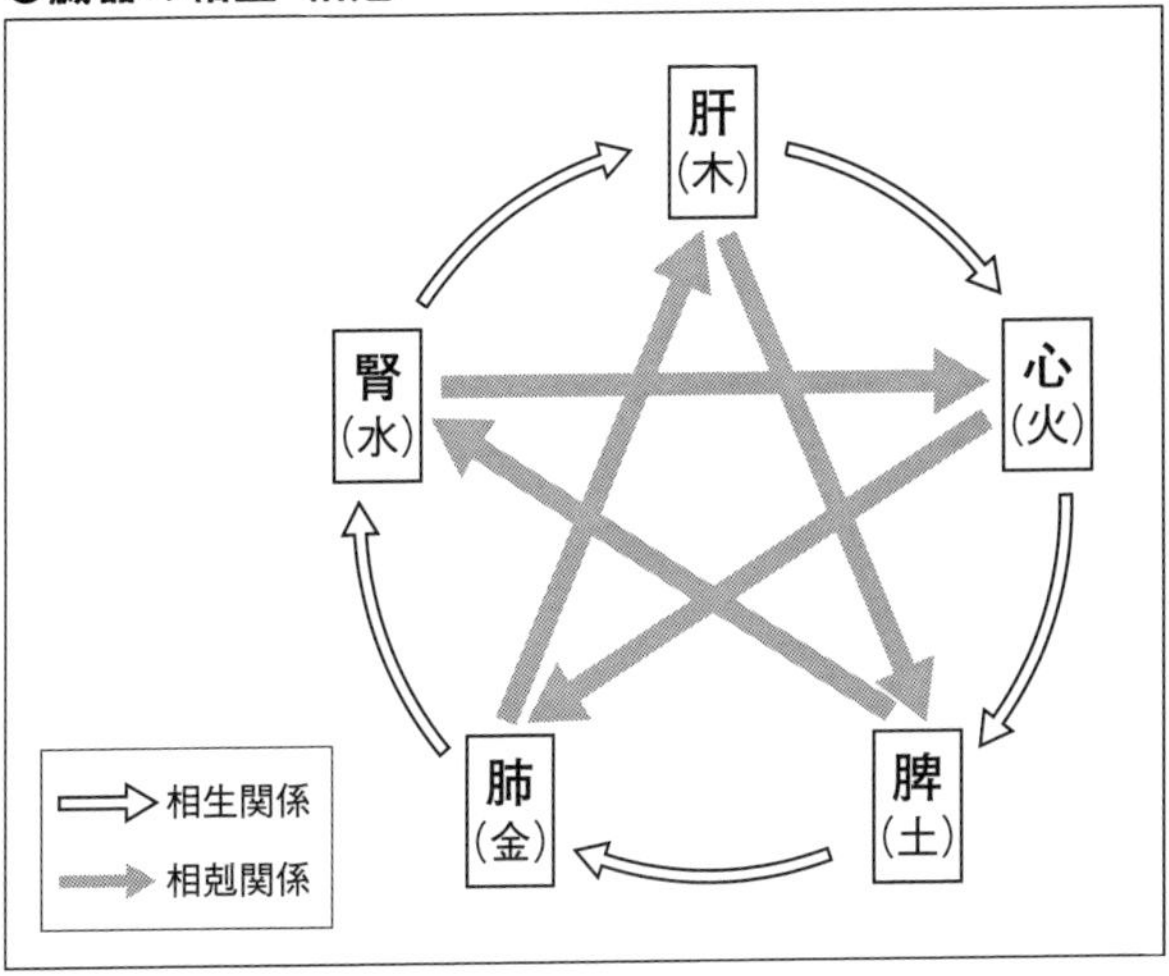

の体には健康をつかさどる重要な臓器がいくつかあるとする想定にもとづくものだ。この臓器は、治療の経験を重ねるなかから考え出されたものである。

同じ名称をもっていても、漢方の臓器は解剖から導き出された西洋医学の臓器とは別のものである。

漢方の臓器は、陰陽に分かれる。「陰」の性質をもつものが、肺、心臓、脾《ひ》(脾臓)、肝(肝臓)、腎(腎臓)の五臓である。漢方では五臓が用いられる場合が多いが、五臓に心包《しんぽう》をくわえた六臓で説明する説もある。

心包は、五行の「火」の性格をもち、心臓を助けるはたらきをするものだとされる。血の流れの外側を流れる脈外の気が、心包から全身を巡っているとする考えもある。また神経のはたらきの特定の部分だけが、心包とされたとする見方もある。いずれにしても心包は、解剖学による臓器とは別物になる。

「陽」の性質をもつ臓器としては、大腸、小腸、胃、胆(胆臓《たんぞう》)、膀胱《ぼうこう》、三焦《さんしょう》の六腑《ろっぷ》がある。

三焦は多様な病気に関連する特別の経絡《けいらく》(次項参照)で、解剖学的に実在する臓器ではない。

江戸時代に杉田玄白《げんぱく》らによって、西洋の解剖学が輸入された。このとき西洋医学の臓器名に五臓(六臓)六腑の名称をあてたことが、混乱の原因だといわれている。

漢方では、五臓(六臓)、六腑のいずれかのはたらきが、衰えたり強すぎたりするのが病気のもととされる。臓器が衰えたときを「虚《きょ》」、強すぎるときを「実《じつ》」という。たとえば「肺の虚」がもとで、呼吸器系の病気が起こることになる。

五臓(六臓)、六腑は、いずれかの五行にあてられる。そして五行の各々に相生、相剋の関係がある(69ページの図参照)。

漢方は、肝と胆は、怒りを背景とする感情の調整(ストレス発散)をつかさどるとする。そのために、この部分のはたらきがうまくいかないと、「木剋土」の法則によって脾と胃を痛めるとされる。漢方はストレス性の胃潰瘍《いかいよう》が起こる原因を、このように説明するのである。

だから漢方では、脾、胃と肝、胆との「虚実」を修正する方法を用いて胃潰瘍を治していく。

●全身を巡る経絡

すでに述べたとおり、陰陽五行説は「万物は気からつくられる」という世界観に立つ科学思想である。それゆえ陰陽五行説による漢方は、「気が生きている人間の全身を巡っている」という考えをとっている。人間が死ぬと、気の流れが止まるとされるのだ。

気の通る道を、「経絡《けいらく》」という。経絡は、経脈《けいみゃく》、絡脈《らくみゃく》、孫脈《そんみゃく》の三つに分かれる。気が流れる幹線となる道筋が、経脈である。

そして、経脈から分かれた支線が、絡脈になる。さらに絡脈につらなる枝道が、孫脈とされる。

漢方では経絡の流れを表した「経絡流注図《けいらくるちゅうず》」が重んじられる。鍼医《はりい》などを訪れると、診察室などに「経絡流注図」が掛かっている。

「経絡流注図」には、「ツボ」と呼ばれる経穴《けいけつ》が多く記されている。この経穴は、気が主に流れる経脈のなかの重要な中継点とされる。

鍼灸《しんきゅう》師は、経穴（ツボ）に鍼を施したり灸をすえたりして、気の流れを整える。特定の経穴（ツボ）に、ガーゼなどに塗った漢方薬を貼る療法もある。

漢方は、前に述べた五臓六腑の役割も、人間の体を流れる気のはたらきの一部分にすぎないとする。漢方の臓器は、一定のかたちをもつ人体の限られた一部分ではない。

だから、胃という解剖学的な臓器ではなく、体のなかの胃のはたらきに関連するものすべてが、「六腑の胃」となる。言いかえれば、「人体のはたらきのなかの消化の中心となる部分を行なうすべてのもの」が「胃」と呼ばれるのである。

●気によって生かされる人体

西洋風の合理的な科学になじんだ者には、このような考えは理解しにくいのであろう。漢方の臓器とは、気という目にみえないものの集合である。「人体のあちこちで行なわれる消化に関する気のはたらき」が弱まれば、胃が虚の状態になったとされる。そしてその場合に、漢方薬、鍼灸、そのほかの方法で、胃の能力を強める治療が行なわれる。

だから、このような治療に当たる漢方医には、「食物は人体のなかの食道を通って胃に入り、胃液で消化されて十二指腸にいく」といった解剖学的な知識は必要ない。

漢方は人体を巡るものに、「気」と「血《けつ》」と「津液《しんえき》」があるとする。このなかの血と津液は、気の力（エネルギー）によって全身をめぐる。そして、気は「陽」で、血、津液は「陰」だとされる。

気、血、津液が順調に流れていれば、健康である。しかし、それらの流れが滞《とどこお》ると、どこかの臓器に病気が生じるというのである。このような漢方の考えは、人間は「道」や「天」に通じる「気」の力によって生かされているとする自然観のうえにつくられたものである。そのために、「道」の意志に従って自然のままに生きる者は、つねに健康を保って生きられるとされる。

漢方医の多くは、暴飲暴食、睡眠不足などの生活の偏《かたよ》りが病気を生むと考えている。ゆえに東洋医学の学者の著述のなかに、ときおり、つぎのような記述をみかける。

「野生の動物は、自然のままに生きている。だから年をとっても健康で、寿命がくると眠るように死んでいく」

漢方は自然に合った生き方をとるためには、医者にかかるだけでなく、体によい食物を摂る食養も必要だと説いている。

漢方が重視する食養の考え

●飲食と呼吸と健康の関係

漢方は、「飲食と呼吸が、人間の体をつくる」とする考えをとる。人間はつねに、外部から「気」をもらって生きている。食べ物、飲み物と呼吸で取り入れた空気が、体のなかで「気」になるとされるのだ。

だから、体によい物を食《しょく》し、正しい呼吸を行なえば健康を保てるという。このうち、呼吸に関しては次章で説明することにして、ここでは漢方でいう「節度のある食事」とは何かを説明していこう。

正しい食事法を、「食養」という。漢方はまず、季節に合った食物を摂ることを勧める。「旬《しゅん》の食べ物を食べる」のである。そして季節外れの飲食物をあえて口にする行為が病気のもとであると説く。

秋になったのに、わざわざ暑い土地から西瓜《すいか》を買ってきて食べる。初夏の食べ物であるはずの苺《いちご》を、ビニール栽培して真冬に食べる。こういった行為は、健康を損ねることだと

●食べものと五行説

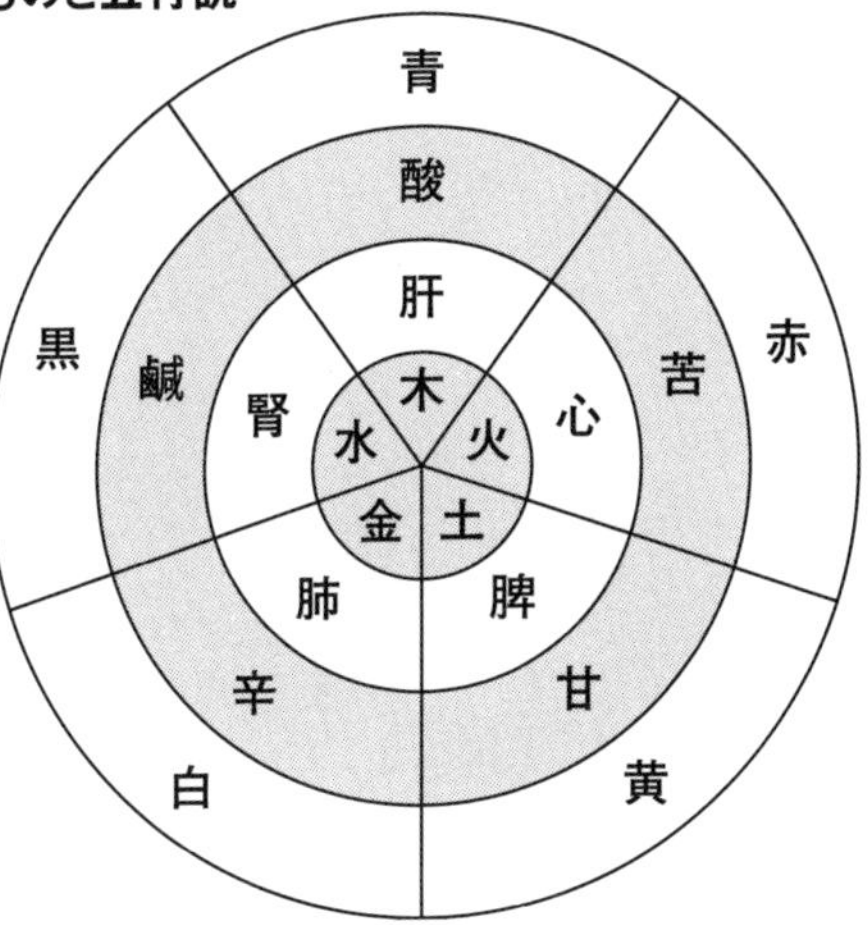

される。

夏野菜である茄子《なす》には、体を冷やす作用がある。だから茄子は夏に食べるもので、冬に食べてはならない。体を温める大根は冬に食べるのがよいというのだ。

陰陽五行説の立場から、漢方は「陰陽」の均衡（バランス）と「五行」の均衡（バランス）がとれた食事を重んじる。

陰陽五行説に立てば、体を温めるものが「陽」の食材、体を冷やすものが「陰」の食材になる。根菜は「陽」で、葉菜が「陰」とされる。だから上手に根菜と葉菜を用いた料理が、食養にかなったものだといわれる。

この考えから、「大根だけを食べて、大根葉を捨てるのはよくない」と考えられている。

「陽」の性質の大根と「陰」の性質の大根葉とを合わせて、大根を丸ごと食べるのが食養にかなうとされるのだ。このような陰陽を兼ね備えた食材を丸ごと食するものを、「完全食」と呼ぶこともある。

さらに「五行」に属す食物を偏りなく摂ることも大切だとされる。青く酸っぱいものが、五行の「木」の食物になる（75ページの図参照）。

五行の色である青、赤、黄、白、黒の五つの色の食材を集める。そして五行の味である「酸っぱいもの」「苦《にが》いもの」「甘いもの」「辛《から》い（刺激的な辛さをもつ）もの」「鹹《しおから》いもの」の、五つの味が配合された料理をつくる。

これによって、五行がそろった健康によい食事を摂ることができるというのである。食物の「陰陽」「五行」の分類は、食事と健康との関連について長年にわたって多数の人を観察したなかで導き出されたものだ。

●医食同源の考え

だから漢方では、地産地消を重んじる。自分が生活する土地でとれた、季節に合った食べ物を摂るのが健康によいというのである。

五行に対応する食材は、五臓のはたらきと強く関わっているとされる。だから漢方は、「青いもの・酸っぱいもの」を食べると肝臓の力が増すとする考えをとる。

肺が弱っているときには、「白いもの・辛いもの」が体によいといわれる。「辛」とは、唐辛子や胡椒《こしょう》、ニンニク、生姜《しょうが》などの刺激物の味をさす。だから風邪のときに、辛い物を食べて汗を出すとよいといわれるのである。

和食には、「五行」の食材、味つけをそろえたものが多い。懐石《かいせき》料理、寿司、鍋物など、いずれも季節の多様な食材を上手に用いている。

古代中国には、「医食同源」とか「薬食同源」といった言葉があった。これは食事によって健康がつくられることを意味するものである。体によい食材や漢方薬の素材である生薬《しょうやく》を調理したものは、「薬膳《やくぜん》」と呼ばれた。

中国の宮廷には古くから、皇帝の体調に合わせた薬膳をつくる食医《しょくい》がいた。本来の薬膳は個人の体の陰陽五行の状態をみて、体調を改善する食事をつくるものであった。それは、一人一人に合わせた注文仕立て（オーダーメイド）の料理といえる。

しかし、現代の日本では、よい食材に生薬をくわえた料理を出す薬膳料理店もみられるようになっている。

漢方には「未病《みびょう》」という言葉がある。これは、「病気ではないが体調が万全でない」ありさまをさすものである。

気、血、津液の流れが順調ではないが、薬を使うほどではないのが未病とされる。食事などの日常生活を改めれば、未病は治る。しかし、放っておくと、未病は本当の病気になってしまう。

体調不良を未病の段階で治しておくために、漢方で食養が重んじられたのである。

四章

気功と漢方治療はなぜ病気に効くのか

●陰陽道にもとづく医療と健康法の実際

気功はなぜ効くか

●気の流れと健康

「気功」という健康法がある。気功の実態は科学的には解明されていないが、気功はたしかに効くとされる。

「気功の呼吸法を用いて自分で全身に気を回すようになってから、病気にかかりにくくなった」

「気功師に気を分けてもらうことによって、体調がよくなった」

こういった話を、よく聞く。鍼灸《しんきゅう》は、人体に気が流れる道筋にある経穴《けいけつ》を刺激することによって気の通りをよくするものである。考え方によっては、気功はこの鍼灸に近い機能をもつものとみることもできる。鍼《はり》や灸を使わずに気を操《あやつ》ることによって全身の気の流れを調整するのだ。

気功は、中国できわめて古くから行なわれた健康法である。それは体のゆがみを直して、自然のままの自分の体にもどすとする考えにもとづいて行なわれた。

中国の知識層が思い思いに行なっていた気功は、道教の教団に取りこまれた。そして道教の修行のひとつとされて、多様な発展をみせた。武術の合気道も、気功のひとつのかたちである。

●小周天の気功法

自分で行なう初歩的な気功術のひとつに、小周天《しょうしゅうてん》がある。深呼吸をすることによって、体内に気を巡らす健康法である。

小周天は静かな部屋で気を落ち着けて、床か、または椅子《いす》にすわってはじめる。体が安定したところで、つぎの手順を行なう。

①背筋を伸ばしてすわり、まず大きく息を吐く。このときに気が頭の上にある百会《ひゃくえ》から、体の前側の肌のすぐ下を通って肛門の手前の会陰《えいん》（経絡のひとつ）に下りてくると想像（イメージ）する。息はできるだけゆっくり吐く。息を吐きながら下腹を自然なかたちで多少ふくらませるようにすると、気を下ろしやすい。下腹が気を下ろしてくる目標であるからだ。

②つぎに、ゆっくり息を吸っていく。このときに気が会陰から体の後ろ側の肌の下を通って百会に上がっていくと想像する。意識して息を吸うのではなく、空気が自然なかたち

●小周天の回し方

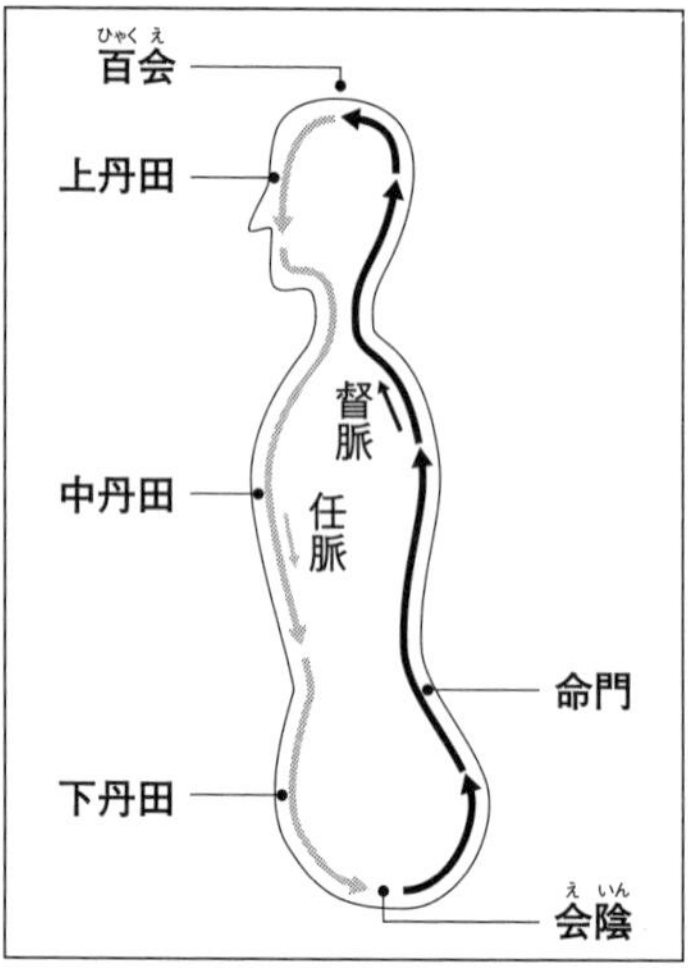

で肺に入ってくるのにまかせておく。このときに腹をへこませるようにすると、気を上にもっていきやすい。下腹にある気を背中から頭に上げるのだから、下腹は空《から》にしなければならない。

①と②をくり返して、深呼吸に合わせて気を上下させる。よけいな雑念を捨てて深い呼吸をするだけで、大気中のよい気が体に入ってくるといわれる。

ふつうの腹式呼吸は、腹をふくらませながら息を吸っていく。しかし、そうすると息を吸ったときに、気が下腹に集まってしまう。

だから小周天のときには、ふだんの呼吸法と反対のやり方をとる。

「腹をへこませて息を吸い、腹を少しふくらませて息を吐く」という呼吸法を用いるのだ。

これは、頭の切りかえができれば簡単に身につく。

小周天は、五分か一〇分ほどつづけるのがよいが、二分程度でも効果があるとされる。

気を回せなくても深呼吸をするだけでも、気分を落ち着かせる効果があるといわれる。

日常生活で、思いがけない事態にみまわれることもある。そういったときには、無意味に怒ったり、あわてて思いもよらぬ失策をしでかす場合が多い。自分が平静を失いそうになったときには、深呼吸をして気を静めて体の緊張を解くとよい。

体が緊張していると、目先だけの抽象度の低い思考しかできなくなる。しかし体の緊張を解いてやると、大局に目を向けた抽象度の高い思考ができることになる。

平素から小周天を行なっていれば、どのような騒がしい場面でも、体を動かしながらでも深呼吸で体内に気を回せるようになる。これができれば、突発的な事態にも落ち着いて対応して、そのときの最善の策をとることが可能だ。

●気功師の役割

小周天では、自分の五臓（六臓）六腑のはたらきまではつかめない。しかし、専門の気功師は、人体の陰陽五行の流れに通じている。

そして、患者の臓器のどこが弱っているか判断し、経絡を通じて気を送るのである。

気功で用いる「気」は、三つの要素から成るとされている。ひとつは生まれたときに親からもらった「気」である。ふたつ目は食物によって、後天的にとり入れた「気」である。だから気功では、食生活が重んじられる。気功師のなかには、「飲酒を避ける」「肉を食べない」といった自らが定めた食養法を頑《かたく》なに守っている者もいる。

そして三つ目とされる、呼吸によって取りこまれる大気中の「気」がもっとも重要である。優れた気功師は、気功で定めた一定の方法で息をするだけで思いのままに「気」を得ることができるという。それを患者の体に流して、相手の「気」の流れが詰まった部分の余計なものを取り除く。

これは一気に大量の水を流して、排水管に詰まった細かいごみを押し流すようなものだという。大量のごみがかたまって流れをふさいでいても、一つ一つのごみに分けてしまえばごみは流れていく。

気功を用いた古代中国の道家は、自分が使う「気」は平素からまつっている星から与えられたものだと唱えていた。「気」は呼吸で得られるとされるが、私たちが吸う空気も大きな宇宙の一部である。気功は、宇宙もしくは地球がもつ未知の力（エネルギー）を活用する行為だといえる。

●気功の「気」とは

陰陽五行説の「気」は、すでに述べたとおり、万物の根源という哲学的な概念であった。気功で用いる「気」は、そのような哲学的な「気」と同一のものと考えてもよい。

しかし、気功師が用いる「気」は、万物を生み出す「気」のなかの特別な力をもったものであるらしい。

空気中には、多様な「気」がある。気功師は息を吸ってその多様な「気」を取りこみ、「気」の詰まりを治す力をもつ「気」だけを選び取って患者の体に流すのであろう。不要な「気」は、吐く息とともに気功師の体から出ていく。

科学的検証によって、気功師の手から電磁波が出ていることが明らかにされている。そのため気功の「気」は電磁波だとする説もある。

またこれとは別に、気功の「気」を人間の無意識の部分に語りかける力だとする考えもある。この想定を、つぎのように言いかえることもできる。

「人間の体には本来、癌《がん》細胞を分解する免疫力が備わっている。これは無意識のうちに、病気を治す力だといえる。しかし、不健康な生活を送ってきた者は、その能力を使いこなせない。そこで気功によって人間の無意識の部分がもつ癌に打ち剋《か》つ能力を目覚めさせれば、癌が治ることもある」

気功で使われる「気」が、どのようなものであるかは未解明である。しかし、多くの者が健康法としての気功を行なって、その効果を得てきた。そして現実に気功師の治療によって、難病から救われた者もいる。

気功が有効な医術であることはまちがいない。しかしそれは、西洋の科学と異なる東洋の経験科学にもとづくものである。

漢方治療の方法

●漢方による診断

現代の西洋医学は、医師が検査の数値などから診断するかたちをとっている。だから専門知識がある者は、同一の検査結果に対して、似たような診断結果をくだす。

大病で病院にかかると、いくつもの検査を行なう。CTで体内を透《す》かしてみたり、血液や尿の成分を分析したりする。これにくらべると、漢方医の診断はじつに簡単だ。

顔色や舌をみて、声を聞き、生活習慣や食べ物の好き嫌い、睡眠の状態などについて尋ねる。ただ、これだけである。

それによって五臓(六臓)六腑のおのおのが虚《きょ》か実《じつ》かを判断する。そして気、血、津液の流れを推測し、経絡の詰まっているところを見つけるのである。

「胃が痛い」「せきが止まらない」といった症状に対する治療をするのではない。全身の「陰陽」と「五行」の均衡（バランス）を整えて、「気」を滞りなく体内に流す原因治療を行なうのが漢方である。

漢方医は、顔色、声の特徴、呼吸の様子などのさまざまな要素を観察して、患者のどの臓器が弱っているか判断する。脈をみる場合もある。判断の手がかりとなる手引書はいくつもある。しかし、手引書には、多くの患者を治療した実績をもつ者でないと使いこなせない部分もある。だから漢方治療では、漢方医の経験が大きく物をいう。ゆえに下手な医師に的外れの治療をされると、病気の症状はいつまでたっても改善されないこともある。

漢方の治療は、漢方薬などによって行なわれる。しかし、治療に当たって、生活の改善が求められることが多い。漢方では、糖尿病患者に、冷たい飲食物をとらないように勧めている。また花粉症の症状が強い患者には「なるべく夏場のクーラーを避けて、体を冷やさないようにしなさい」という助言が与えられる。いっけん関係なさそうなことが、病気の原因のひとつとされるのである。

漢方薬は、西洋医学で用いる対症療法の薬ではない。だから薬を飲みつづけても、生活を改善しないと病気が根治しないといったことが起きる。

「漢方薬を飲んでいるときは、すこしよくなっていたが、漢方薬を止めたとたんに元にもどった」という話もよく聞く。漢方では「病気は自分で治すものであって薬で治すものではない」とされるのだ。

漢方で体質を改善するためには、ある程度の期間が必要である。「陰陽」「五行」の均衡（バランス）が正常にもどるまで、症状が消えないこともある。

そのために現代人のなかには、「漢方治療は時間がかかる」と考える者も多い。そういった人びとは、安易に症状を抑える西洋医学をたよる。

●漢方薬の奥深さとは

運悪く下手な漢方医に当たったために、「漢方治療は時間がかかる」と考えるようになった人もいる。しかし、多少的を外した漢方薬を服用しても、病気がよくなる場合も多い。

漢方薬はじつに不思議な、奥深いものである。ひとつの症状や病気に効く薬が、何種類もある。そしてひとつの漢方薬が、さまざまな病気に効くのである。

漢方の風邪薬には、十数種類のものがある。葛根湯《かっこんとう》、小青龍湯《しょうせいりゅうとう》、麦門冬湯《ばくもんとうとう》、小柴胡湯《しょうさいことう》、柴胡桂枝湯《さいこけいしとう》などである。

そのときの風邪の症状や原因にもっとも合った漢方薬を服用するのが望ましいのはたしかである。しかし、最適の薬でなくても、風邪に効く漢方薬のいずれかを服用すれば、風邪の症状は改善する。

何を飲めばよいかわからないときは、葛根湯を飲んでおけば何とかなるともいわれる。血圧の高い人が葛根湯を用いるのはよくないが、葛根湯はひどい二日酔いにも効く。わけもなく体の節々が痛いときに、葛根湯を飲めば治ることもある。小柴胡湯は風邪にも効くが、それより肝臓の病気に大きい効果があるとされる。年齢が高く血圧の高い人は、補中《ほちゅう》益気湯《えっきとう》で体力を高めてじょじょに風邪を治すとよいともいわれる。しかし、補中益気湯が、効く人と効かない人がいる。

●生薬の効能と用い方

漢方治療は、「教科書どおりにすればよい」といった単純なものではない。だから面倒な病気にかかったときには、素人判断を避けて腕のよい漢方医にかかるのがよい。

漢方薬の複雑な性質は、漢方の生薬《しょうやく》に対する扱い方から生じた。西洋医学は、早くから植物の根や実の有効成分を抽出して薬をつくってきた。このような薬が、効く症状は限られてくる。

ところが漢方では、生薬と呼ばれる薬草類をまるごと煮出して薬にしてきた。これは太陽や大地の「気」の力（エネルギー）をうけた草の根や木の皮の全体を使用して、よい「気」を得ようとする考えによるものだ。薬効のあるひとつの成分だけでなく、生薬全体が薬とされたのである。

漢方薬は、こういった生薬を複数組み合わせてつくられる。だから、ひとつの漢方薬が、いくつもの効能をもつことになったのである。

後漢代にあたる紀元一、二世紀ごろに、中国最古の薬物書である『神農本草経《しんのうほんぞうきょう》』がつくられている。『神農本草経』は漢方薬を、上薬、中薬、下薬に分類する。そのうちの一二〇種の上薬について、こういった説明がある。

「無毒なので長期間服用してもよい。身体を軽くし元気をまし、不老長寿の作用がある」

使い方しだいで毒になるが、病気を予防し虚弱な身体を強くすることもある薬は、中薬とされる。そして毒があるので病気を治すためだけに用いるもので、長期の服用に適さない薬が下薬である。

現在用いられている漢方薬の多くは、ここに記された上薬に近いものである。それは病気の症状を抑えるだけの薬ではなく、無害な健康増進の薬である。

これに対して西洋医学で用いる薬のなかには、副作用をともなうものも多い。抗癌剤は、癌は抑えても激しい痛みをもたらしたり髪を抜けさせたりする場合がある。

徳川家康は漢方に詳しかった。かれが晩年に年齢からくる体の衰えを改善するために、八味丸《はちみがん》などを服用しつづけた。八味丸は、現在でも体の比較的弱い年輩の者の健康増進に使われている。

●漢方は癌をどう見るのか

漢方は、「癌の原因は気・血・津液《しんえき》の流れの滞りである」とする考えをとっている。つまり胃癌は胃の病気、肝臓癌は肝臓の病気とする立場はとらないのである。

さらに癌には、肝臓癌などの血の滞りからくる癌と肺癌などの津液の滞りからくる癌があるとされる。

漢方の癌治療は、流れの滞りを除くことからはじまる。経絡を刺激することによって、人体をめぐる気、血、津液の流れを整えていくのである。

経絡の刺激の方法には、さまざまなものがある。鍼がよいとする説もあれば、気功が効くとする説もある。

漢方では、癌と苛立《いらだ》ち（ストレス）とが深い関係にあるとする考えがとられている。漢方は、心の疲れが、気、津液の流れを悪くするというのである。だから精神的に緊張した状態がつづくと、癌になるとされる。西洋医学でも、苛立ち（ストレス）と癌の関係は注目されており、苛立ち（ストレス）が体に悪いことはまちがいない。

もっとも何が苛立ち（ストレス）のもとになるかは、個人によって大きな差がある。だから癌と苛立ち（ストレス）との関係を、科学的に証明できるわけではない。それでも東洋の経験科学である漢方は、自信をもってこう主張している。

「癌にならないために、嫌なことは早く忘れなさい」

●体質に合わせて処方する漢方

陰陽道は、一人一人の人間がそれぞれ異なる個性をもつとする考えのうえにつくられて

●漢方の有用性

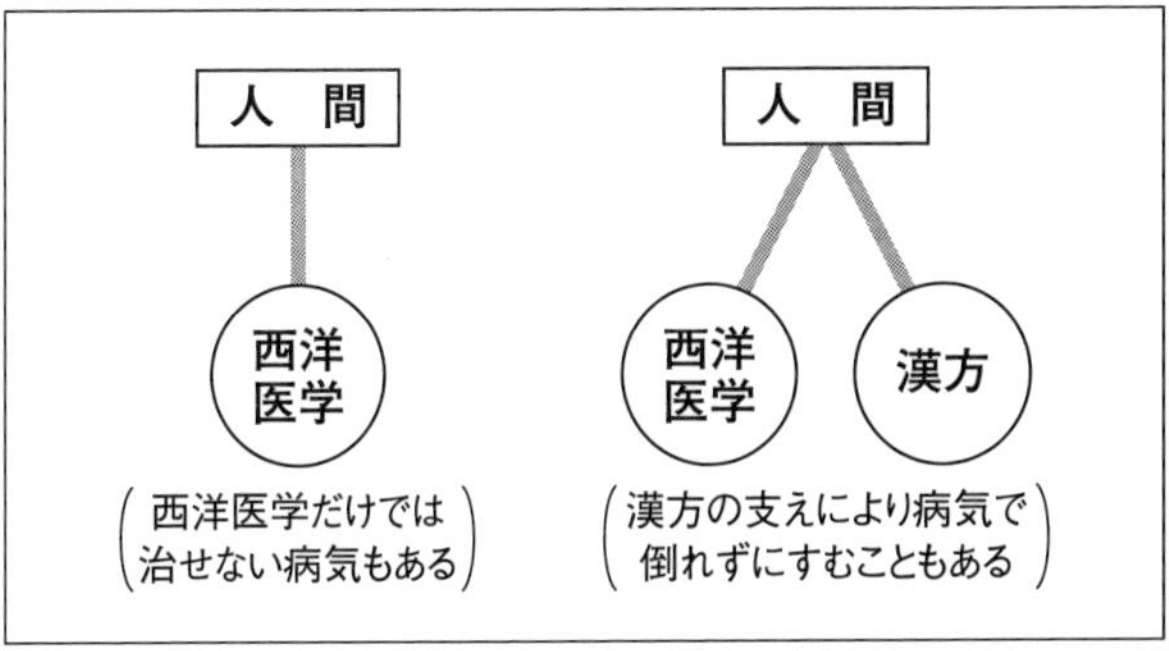
人　間
西洋
医学
西洋医学だけでは
治せない病気もある
人　間
西洋
医学
漢方
漢方の支えにより病気で
倒れずにすむこともある

いる。そのために陰陽道をふまえた漢方には、「万人に効く、ひとつの病気を治す薬」というものは存在しない。

たとえば肝臓からくる症状には、小柴胡湯がよく効く。しかし、小柴胡湯は、若くて体力のある者にしか用いてはならないとされる。病気で体力の弱った者や、熟年の人間には、小柴胡湯ではなく補中益気湯を使うのがよいとされるのである。

西洋医学では、たとえば高血圧の患者には一律に降圧剤を処方する。ところが漢方は、収縮期高血圧（最高血圧が高い場合）と拡張期高血圧（最低血圧が高い場合）とは別の原因で起こるとする。

怒り、苛立ち（ストレス）などが肝臓のはたらきに障害をもたらすと最高血圧が高くなる。そして最低血圧は、主に瘀血《おけつ》が原因で高くなる。血の流れが異常になると瘀血が起こり、出血、血栓《けっせん》、塞栓《そくせん》などをもたらすと考えるのだ。

だから、漢方の高血圧の治療は、患者一人一人の体質や症状に合わせて行なわねば効果がない。

これまで述べてきたように、漢方医学は一人一人の患者を気づかってその人にとっての最適の治療を施そうとする考えのうえに発展してきた。これは、個性を大切にする陰陽道に立つものである。次章で取り上げる陰陽道の暦も、人ごとにまったく異なる意味をもつものであった。

大病にかかったときに、現代人の多くは西洋医学だけで治そうとする。病気にかかると、あわてて『高血圧をよくする生活法』といった一般むけの医学書を読みあさったりする。しかし、西洋医学を知るだけでなく、漢方を学ぶことによって助かる場合が出てくるのではあるまいか。

西洋医学、漢方の二本の脚の上に立つ者は、西洋医学という一本の脚による者より倒れにくいはずである。

五章

陰陽道の背骨である「暦」の仕組みとは

●「二十四節気」や「十干《じっかん》十二支」の考え方

中国の暦の誕生

●天体観測と暦

暦づくりは、薬草を用いた医術とならぶ、人類最古の科学と呼ぶべきものである。自然の動きを長年にわたって観察した経験科学の成果が、暦となったのである。

人類は日常生活のなかから、「春のあとに夏がきて、ついで秋冬となる。そしてふたたび春が巡ってくる」ことに気づいた。

つまり、自分たちの身の回りの自然の様相は、神のような大きな力をもった者の指令によって、一定の期間を単位に循環していると考えたのである。

「この季節の変化を知って、それに合わせて生活するのがよい」と、誰もがそう考えた。狩猟《しゅりょう》、漁撈《ぎょろう》、採集で生活していた縄文人でさえ、魚が回遊してくる時期、果実が実る時期などを大まかに把握していた。

石川県能登《のと》町真脇《まわき》遺跡の縄文人は、近海に回遊してくるイルカをとって干肉をつくっていた。縄文時代の巨大住居で知られる青森市三内丸山《さんないまるやま》遺跡の住民は、栗やドングリの実を貯蔵した。

真脇の人も三内丸山の人も、雪が積もり食料が乏しくなる冬が巡ってくるのを知っていたのだ。

農耕生活がはじまると、より精密な暦が必要になった。種播《たねま》きや収穫に適した時期を、あらかじめ知るためである。

そして中国、インド、メソポタミア、エジプトなどで天体観測がはじまった。星の動きが季節の変化に対応することが明らかになってきたからだ。地球上の一定の場所からみえる星の姿を描いた天球図は、一年で一周する。それは、地球が一年で太陽の周囲を一周すること（公転）がもたらす現象である。

地球はつねに同じように回っている（自転）。ところが、太陽と地球の位置関係が変わるにつれて地軸が動き、特定の星がみえる時間が変化するのだ。

古代人は、地動説、つまり地球の公転を知らない、だから星の動きを、季節を告げる神からの不思議な便り（メッセージ）だと考えた。

これによって、古代の先進国の宮廷の天体観測がはじまった。そしてそこから、天文学やさまざまな占星術がつくられていった。

●季節とともに変わる天体（模式図）

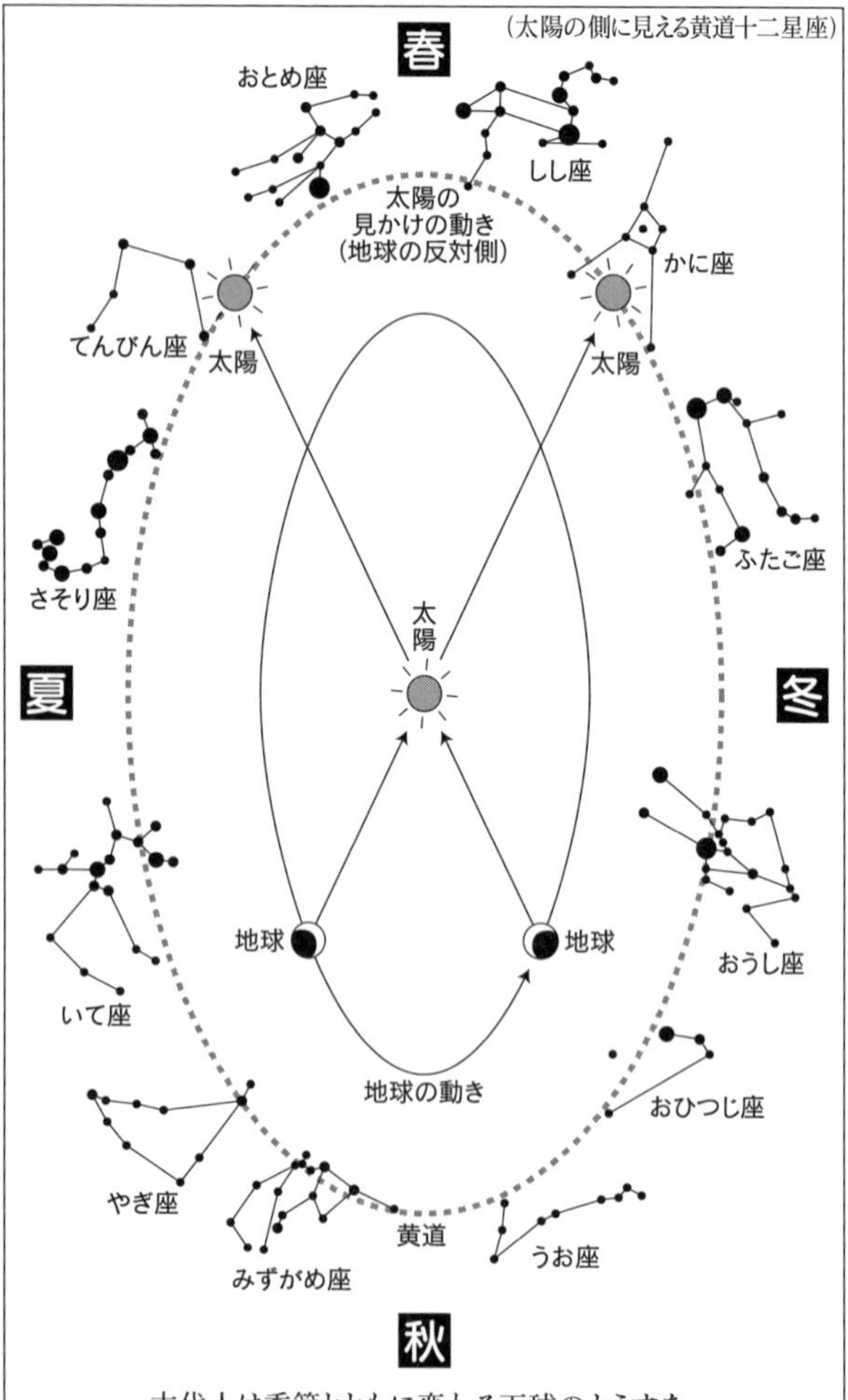

古代人は季節とともに変わる天球のようすを、
神からのメッセージととらえた

●中国の暦の特性

西洋では、比較的早い時期に暦と占術とが切り離された。そして暦を、一年の自然の動きを大雑把《おおざっぱ》につかむためだけのものとした。そのために、太陽暦が発展した。一年を三六五・二五日とする暦は、紀元前四六年にローマで施行されている。ユリウス・カエサル（ジュリアス・シーザー）が定めたことにちなんで、その暦はユリウス暦と呼ばれている。この暦は一年を三六五日として、四年に一度の割合で一年三六六日の閏年《うるうどし》をおくものであった。

太陽暦では、月という天体の満ち欠けと関わりのない、計算上の月の区分がつくられた。この太陽暦の「一月」「二月」といった表記は、一年を一二に区分する目安にすぎない。

西洋の太陽暦が、現代日本で使われている新暦の原形である。新暦は、きわめてわかりやすい。閏年をまちがえなければ、たいていの人は暦を記すことができる。

ところが中国の暦は、学者でなければつくれない複雑なものになった。後に詳しく記すように、その暦は四季の変化と月の満ち欠けとを同時に把握した太陽太陰暦である。

そしてその暦に記された年、月、日のそれぞれに、十干、十二支、九星などによる吉凶を示す符号が付されている。これは古代中国の知識層が、時間には独自の「質」があると考えていたことからくるものである。

年、月、日、さらに二時間単位でみた一区切りの時間は、各々の個性をもっている。そしてその個性が、ある人には吉運をもたらし、ある人には凶運をもたらすとされたのだ。

「陰陽五行説」は、世界をつくる「気」は、つねに変化していると考えた。その変化はきわめてつかみづらいが、変化にはある程度の法則がある。

古代中国では、このような思想にもとづいて、世界をつくる「気」の変化の法則を記した「暦」が作製された。そして暦を知ってそれに合わせて生活するように心掛けることが、幸福につながると考えられた。

●陰陽をふまえた暦

古代中国の知識層は、地上の気の動きは月の満ち欠けと連動すると考えていた。月は、陰の極みである「太陰」とされた。

そのため満月は、その「太陰」の影響がもっとも強まる日であると考えられた。そうすると新月の日は、陰の力がもっとも弱まることになる。

月の前半、つまり新月から満月にかけては、陰の力がじわじわと強まっていく。そして月の後半には、陰の力がしだいに弱まる。陽の力をもつ太陽は、毎日同じように昇降する。

だから地上における陰陽の力関係を、月のかたちで判断するのがよいとされたのである。このほかに夏至や冬至を陰陽と結びつける説もある。

古代の人びとは、月の満ち欠けに合わせて生活していた。夜に行なう祭りは、満月の日に開かれた。人びとは、月明かりの乏しい暗い夜は外出をひかえた。だから旧暦は庶民に身近な気配りのこもったものだと評価できる。

陰陽道による医術のなかには、人間の体調の波が月の満ち欠けに連動すると説くものもある。

さらに古代日本の知識人も、暦に記された運気の流れを妥当なものだと考えた。そのために、中国の暦をふまえた日本独自の陰陽道が発展していったのである。

これに対して西洋の暦が、そのままのかたちで占術に使われることは少ない。西洋の占術家のなかには、一般に使われる暦とは別に天体の動きを示す独自の暦をつくって用いた者もいる。

現代の日本では、「おひつじ座」「おうし座」などの一二星座の西洋占術が比較的よく知られている。その占術は、人びとを誕生日にもとづいて一二星座に区分するものだ。黄道《こうどう》上の太陽の位置を手がかりとした星座の変わり目は、新暦の月の区分と一〇日ほどずれている。

●「天円地方」の天動説

中国の天体観測は、いつごろはじまったのであろうか。それを物語る、興味深い考古資料がある。

陰陽五行説に、「天円地方《てんえんちほう》」という考えがある。これは天が円形で、大地は方形つまり四角形だとする世界観である。この天円地方の考えは、日本の陰陽道の欠かせない要素にもなっている。

地上からみた星座は、半球のかたちをしている。そのような夜空は、天球とも呼ばれる。そして多くの星は日ごとに位置を変えて、一年で天球上を一回転する。だから天は、「動」の性質をもつ。これに対して、大地は不動で「静」の性質を有している。「陰陽」の区分では、天、円形のもの、「動」のものは「陽」となる。そして地、方形のもの、「静」のものは「陰」とされる。

近年になって、揚子江流域から良渚《りょうしょ》文化と呼ばれるきわめて古い時代の遺跡がみつかった。それを、紀元前三〇〇〇年より前のものとする説もある。この時期の都市国家の王宮跡と思われるところから、玉琮《ぎょくそう》という玉《ぎょく》製の宝器がみつかった。

玉琮は王の権力を象徴する、外側は方形（四角形）、内側は円形の細長いかたちをしたものである。この玉琮は、王が天と地のあるじであることを人びとに示すためにつくられたとみられている。「天円地方」の世界観をかたどる玉器をもつ者は、王者にふさわしいというのである。

このような「天円地方」の世界観は、星空に対する精密な天体観測が行なわれたなかでつくられたものとみるほかない。そうすると中国の天文学、占星術の起源は、殷代（35ページの年表参照）よりはるか前までさかのぼることになる。

古代中国に、つぎのような「時令思想《じれいしそう》」という考えがあった。

「王者は、暦をつくって季節の移り変わりを見定めよ。そして『時令』という法令を出して、人びとに種播き、収穫の時期や、季節ごとになすべきことを教えよ」

古代中国の宮廷では、毎月はじめにその月になすべきことを記した時令を読み上げる告《こう》朔《さく》の行事が行なわれていた。このような告朔は、暦づくりとの関連で古い時代につくられたものではあるまいか。

太陽大陰暦の効用

●一年の長さをどう把握するか

古代の中国人は最初に、北斗七星の動きに注目したという。北斗七星は中国では「辰《しん》」とも呼ばれるが、「辰」とは「主《しゅ》なる星」を表す言葉である。

やがてかれらは、北斗七星と四星との位置関係から、一年の変化を知るようになった。四星は、「張《ちりこ》」「大火《たいか》」「虚《とみて》」「昴《すばる》」から成る。いずれも夜空のなかで、目立つ星である。

四星	四星に対応する西洋の星座
張	うみへび座
大火	さそり座
虚	みずがめ座
昴	おうし座

古い時代の中国の王者は北斗七星と四星を手がかりに、種播きや収穫の時期を決定していた。農業の「農」の字は、田を表す「曲」と北斗七星を表す「辰」とを組み合わせてつくられたのである。

これとは別に、影の長さで季節を知る方法も行なわれた。古代の中国人は、「土圭《どけい》」と呼ばれる棒を立てて、太陽がもっとも高く上がった(南中《なんちゅう》した)ときの棒の影の長さで夏至

●土圭による季節の把握

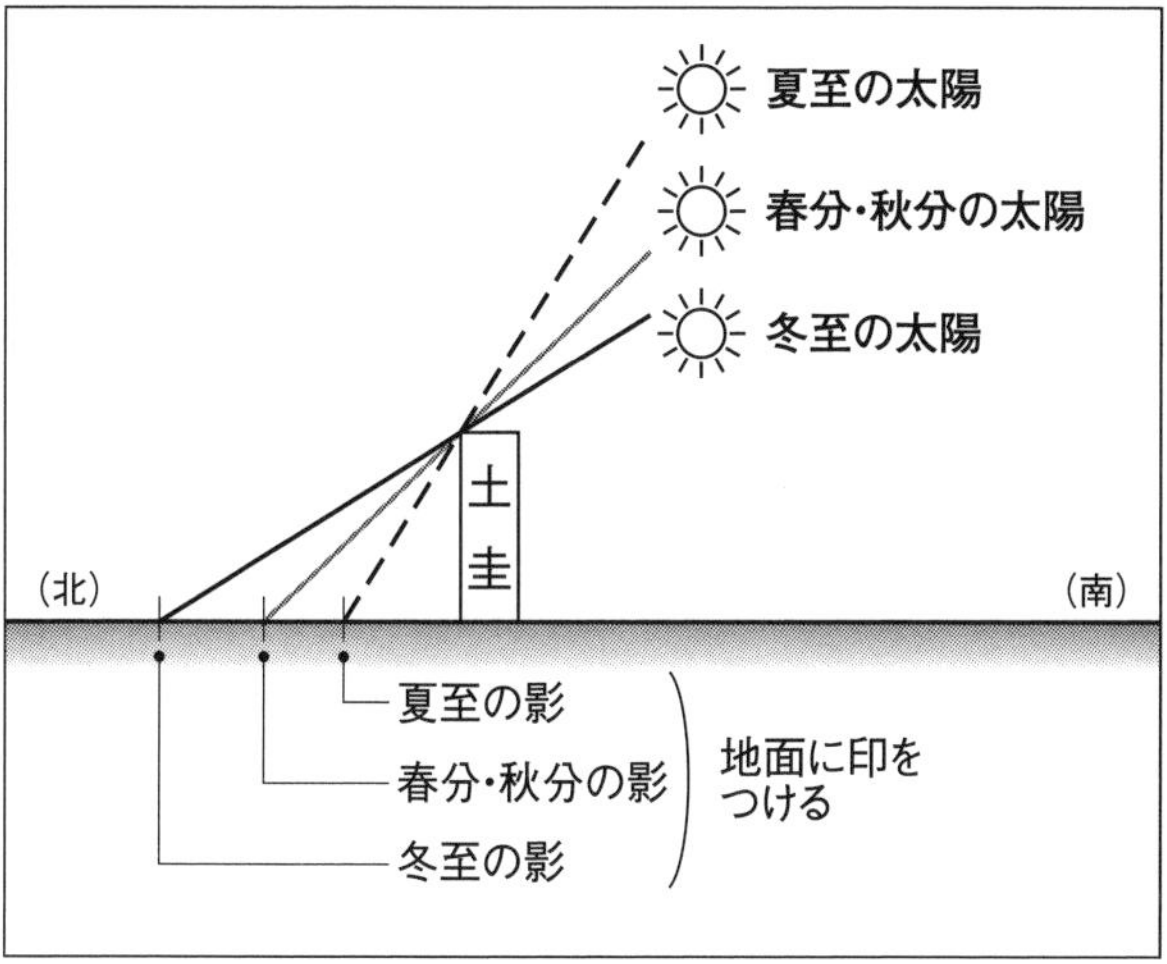

と冬至を見極めたのである。

星の動きだけからでは、夏至や冬至の日を正確につかむのはむずかしい。しかも「土圭」の影の長さの一日の変化は、わずかなものにすぎない。

そのために古代中国の知識人は、星の運行や土圭の影、それに花、昆虫、鳥などの自然物の変化を合わせて観察して暦をつくっていった。

周朝のころには、一年が三六五日と端数を合わせたものであることが明らかになっていたとされる。地球は太陽の周囲を三六五・二四二二日で回る。この、〇・二四二二日の端数を、周代の時点で、すでに、かなり正確に把握していた可能性が高い。

そのために、中国では太陽暦の一年に端数が出てもかまわない暦を考え出した。

●季節を知る目安

現在知られる中国最古の暦は、前漢代の紀元前一〇四年（太初元年）に施行された太初暦《たいしょれき》である。その作者を、鄭平《とうへい》という。

この暦は、現在用いられている旧暦に近い太陽太陰暦であった。一年の季節の変化をほぼ押さえたうえで、新月から新月までを一か月としたものである。

旧暦では、月の満ち欠けの周期は、「朔望月《さくぼうづき》」などと呼ばれる。「朔」は新月で、旧暦の月の一日を表す。そして「望」は満月をさすが、満月が旧暦の月の一五日目、一六日目のあたりにくる。

これは月の満ち欠けが、二九・五三日周期で行なわれるためである。旧暦は、新月の日を月のはじめ(一日)とする。だから一か月二九日の月と一か月三〇日の月とができるのである。しかし、「朔望月」がきっちり二九・五日でなく二九・五三日だから二九日の月と三〇日の月とを交互に置く単純なかたちにはならない。

新月となる日を調べて、月ごとの「朔」と書かれる一日を決めねばならないのだ。だか

●現代の月と二十四節気

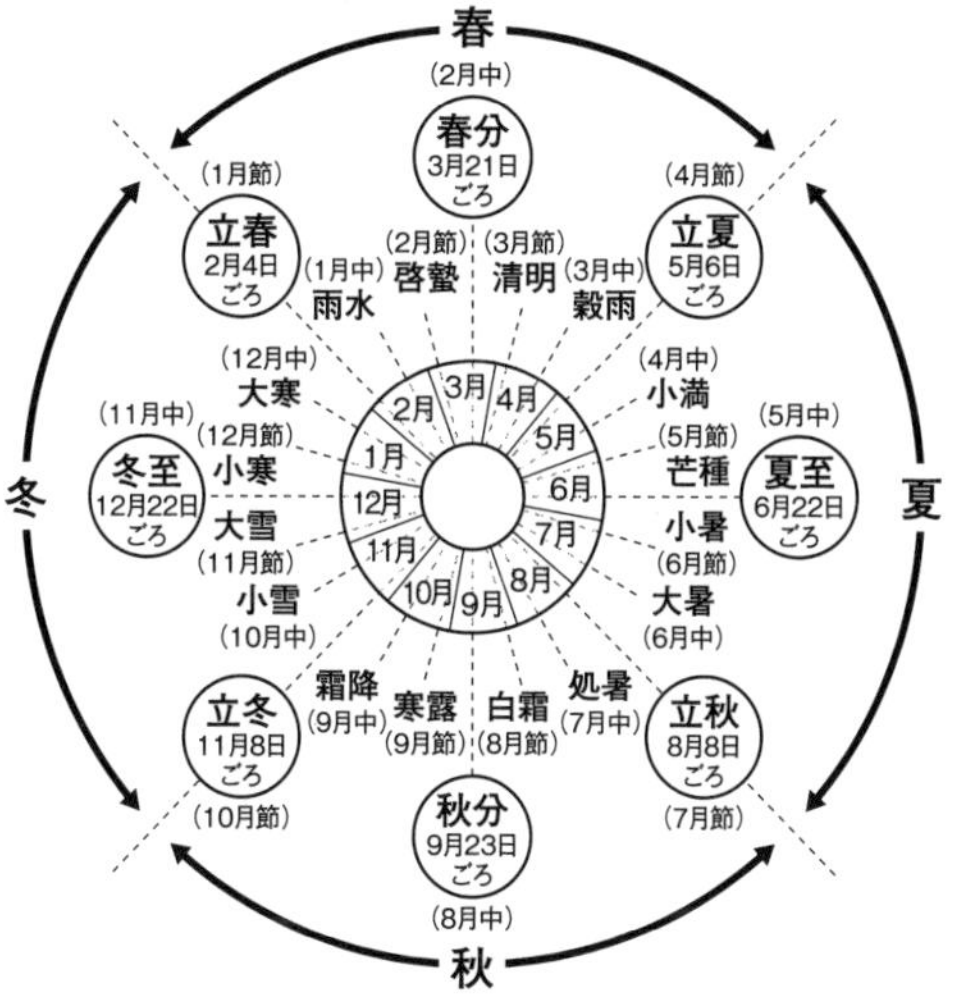

●旧暦の月（内側）と新暦の月（外側）

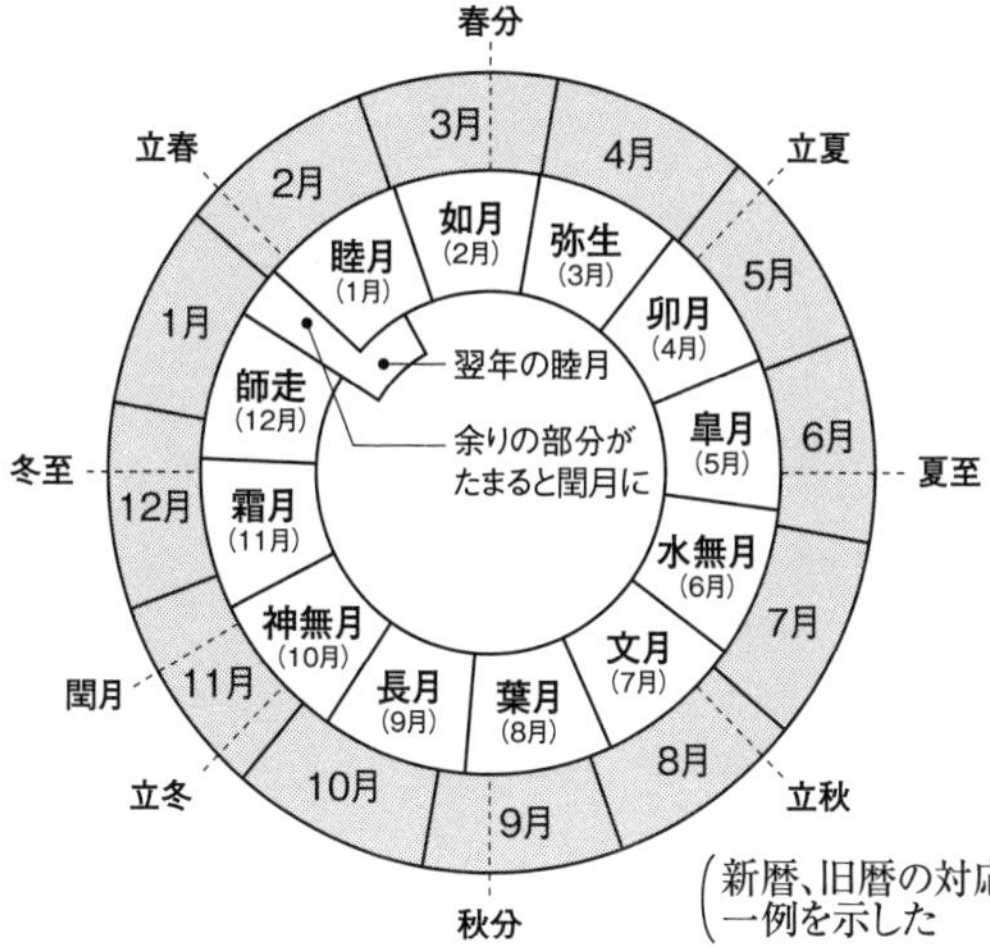

（新暦、旧暦の対応の一例を示した）

ら三〇日からなる月が、二か月連続することもある。

このようにして定めた月を、太陽の高さにもとづいて一二か月にわりふっていく。そのために、二十四節気《せっき》（107ページ上の図参照）が決められた。二十四節気は、季節を知る目安にするものである。

立春《りっしゅん》が春のはじめ、春分が春の季節の真ん中といったかたちになるのである。いつが二十四節気になるかは、日影で計った太陽の高さによって決められる。

二十四節気は、一二の「節《せつ》」と一二の「中《ちゅう》」に分けられる。立春は二月のはじめの「一《いち》月節《がっせつ》」で、雨水《うすい》は二月の真ん中の「一月中《いちがっちゅう》」といったかたちになる。

●閏月の決め方

月の満ち欠けで決めた月のなかで、一月中をふくむ月が旧暦の一月になる。このようにして、一月から一二月までを決めていくのだが、そのうちに二九日間もしくは三〇日間のなかに「中」のつく節気をふくまない月が出てくる。

月の満ち欠け一二回分を合わせた日数は、三五四・四日になる。だからそれは地球の公転の周期である太陽暦の一年、三六五・二四二二日より短い。月の満ち欠けによって決め

●旧暦の月の決め方の例

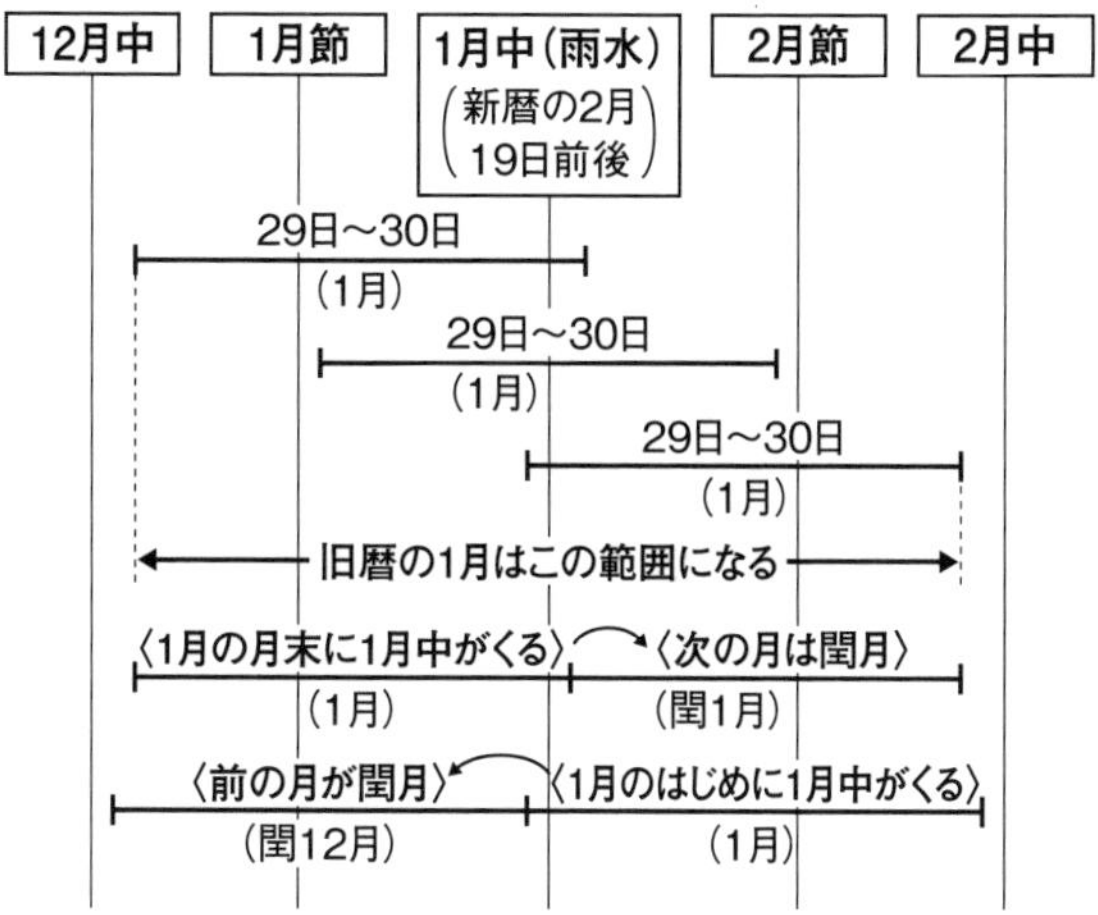

た一二か月を一年とすると、その一二か月と太陽暦の一年とのあいだに一〇・八四二二日のずれが生じる。

だから旧暦では約三年に一度、閏月《うるうづき》を置いてその誤差を修正しているのである。一二か月の「中」と「中」とのあいだの日の数は、三〇日か三一日になる。だから約三年に一度、二九日、もしくは三〇日の月の満ち欠けのあいだに「中」の日をふくまない月が出てくるのである。

そうするとその月は、前の月の閏月になる。一月の末の寸前に「一月中」がきた月のつぎの月は、「中」をふくまない閏一月になる。そしてそのつぎの二月がはじまってから三日以内に「二月中」がくる。

●十二支と月と季節の対応

このようなかたちをとれば、太陽の高さにほぼ合わせた月を設けることができる。月による季節感と太陽による季節感との誤差は、一四、五日以内ですむのだ。

●陰陽道の季節と十二支

古い時代の中国の暦に欠かせない要素が、三点あった。ひとつ目は、月の満ち欠けの周期、ふたつ目は太陽の上下の周期、そして三つ目は十干十二支である。

中国の暦では、年、月、日ごとに、その年、月、日をつかさどる十干十二支が書かれていた。そして春、夏、秋、冬の季節の交代は、一か月をつかさどる十二支のはたらきによるとされていた。

一年は一二か月からなるので、四季はそれぞれ三か月ずつになる。そして季節のはじめは「孟《もう》」、なかばは「仲《ちゅう》」、末は「季《き》」とされた。正月が孟春《もうしゅん》、二月が仲春《ちゅうしゅん》、三月が季春《きしゅん》といったかたちになる。旧暦八月の満月に行なわれるお月見の月は、「仲秋の名月」である。

陰陽五行説の季節は、冬のさなかを起点とした。仲冬である一一月が子の月とされたのだ。このようにして十二支にあてられた個々の月は、十二支がもつ「陰陽」「五行」の性質に左右されると考えられた。

十二支の「子」は、「陽性」で「水性」である（47ページの表参照）。だから旧暦一一月には、「陽」の性質と「水」の性質をもつ出来事が起こりやすいと考えられた。

これに、季節の五行がくわわる(39ページの五行配当図参照)。土用の期間を除く春は「木」、夏は「火」、秋は「金」、冬は「水」である。だから旧暦一一月は、冬の「水」の性質と十二支の「子」の「水」の性質が合わさる。

「水」は寒冷である。だから一一月は、一年でもっとも寒いので、体の冷えからくる病気に用心せよといわれた。この季節感は、古代中国の諸王朝が栄えた黄河流域のもので、日本とは多少異なっている。

そして前漢代にあたる紀元前二世紀から、九星が重んじられるようになった。九星は十干十二支と同じく、年、月、日に応じて変わるものである。そのために、十二支と九星がともに、暦をもとに自らの行動を定める目安とされた。

さらにこの後、多様な占術がくわわり、暦の読み解き方はますます複雑になっていった。日本の陰陽師は、暦を手がかりにして占術を行なうとともに、多様な呪術《じゆじゆつ》を行なった。

宮廷の陰陽師の呪術は、政治がうまく運び、農業が繁栄して庶民が豊かに過ごせるように願うものであった。次章で詳しく説明するが、日本で行なわれてきた季節の年中行事のなかに、陰陽道と関わるものも多い。神職や武士、農民が、暦を手がかりにして陰陽師が行なった呪術の要素を古くからの地域の祭りのなかに取り入れてきたからである。

六章

●「門松」「豆撒《ま》き」「精霊流《しょうりょう》し」…の真の意味

年中行事に込められた陰陽道の思想とは

日本に浸透する陰陽道

●天動説に立つ中国の暦

陰陽五行説を扱う中国の学者は、あるていどの科学的発想をもつことができた。中国の君主が天文と暦を重んじたからである。

「安易な吉凶判断を行なうより、じっくりと星の動きを観測し、より正確な暦をつくるように」

宮廷の学者に課せられた使命は、このようなものであった。そのためにかれらは、目先の成果にしばられずに長い目で研究をすすめられたのである。

古代中国の知識層は、夜の星空の全体を天（気）からの啓示（メッセージ）としてとらえた。その時々の太陽、月、星々の位置関係を手がかりに、陰陽や五行の流れを読もうとしたのだ。

かれらはこう考えて、天文観測を重んじた。

「星空が示す気の流れに合わせて生活を組み立てれば、幸福になれる」

このような発想からは、地動説は生まれない。地上からみえる星の位置をつかむには、大地は不動だとする天動説をとるのが便利だからだ。

今日、地動説を知っている私たちでも、星の観測のために天球図をつくる。その図に描かれた星は、季節と時間に従って勝手に動いているようにみえる。

これに対して西洋には、個々の惑星を一個の物体としてとらえる発想があった。この発想で惑星を観測していくなかから、地動説が生まれたのである。

●陰陽道と神道の交流

中国の天文学は、西洋のものとは異なる。しかし、それは精密な体系を備えたものであった。ところが日本の陰陽師が、天文に関する独自の理論を打ち出すことはない。かれらは中国の学問を手がかりにして、そのときそのときの吉凶判断を行なっただけである。

中国では前漢代の太初暦の採用以来、五〇回の改暦が行なわれた。これは、より正確な暦をつくろうとする学者の努力によってもたらされたものである。

もっとも新しい暦は、清《しん》代の一六四五年に採用された時憲暦《じけんれき》である。この暦は辛亥《しんがい》革命(一九一一年)で清朝が倒れ、革命政府が太陽暦を採用するまで用いられた。

●芽の輪くぐり

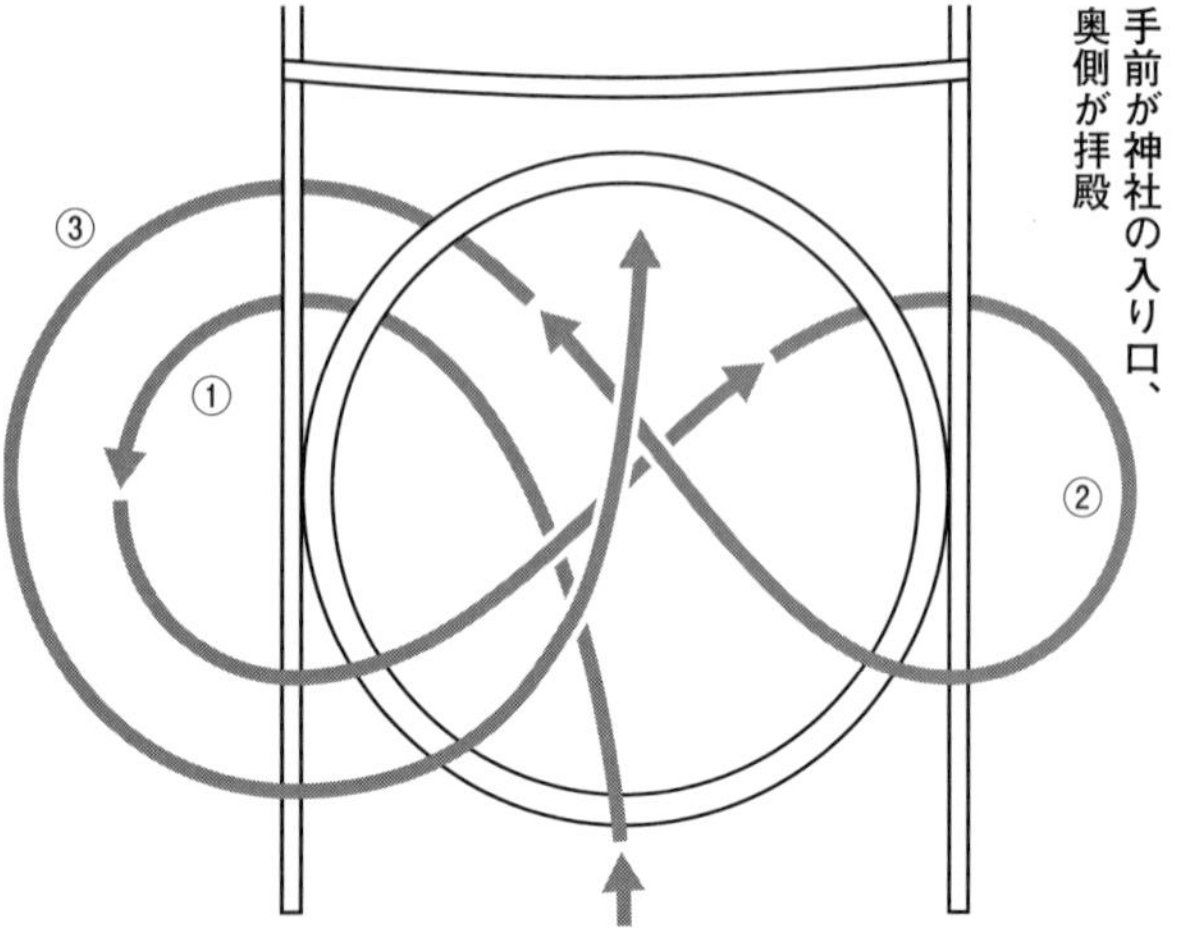

いっぽう日本の暦は、すべて中国の暦をまねたものである。そして、古代日本では、主に占術が発展した。皇室や貴族といった有力者の求めで吉凶判断をすることが陰陽師の仕事のもっとも華やかな部分であったからだ。

陰陽師は自らの占術、呪術をより信頼できるものになるために多くのものを学んだ。陰陽五行説にとらわれずに、神道、民間信仰、密教などの呪術、占術を身につけていったのである。

神道の側でも、陰陽道のさまざまなものを神事に取り入れた。六月と一二月の晦日《みそか》に、大祓《おおはらえ》という行事がある。この日に、境内の入口に茅《かや》を編んでつくった茅《ち》の輪をつくる神社がある。参拝者は、それをくぐって身を清めるのである。この茅の輪くぐりの歩き方は、陰陽師が魔除けを行なうときの反閇《はんぺい》という歩き方にならってつくられたとする説もある。

●陰陽道の迎春行事

日本には多様な正月行事がみられるが、そのなかには陰陽道の考えに立つものも少なくない。

一月は春のはじめで、春は五行の「木」に当たる。そのために陰陽道では、木気《もくき》を強める呪術が行なわれる。「金剋木」（41ページの表参照）の考えから、五行の「金」は木気を損なうものとされる。そのために、金気を弱める呪術がなされるのである。

春の前は冬で、「水」の性質をもつ。そのために正月には、冬を終わらせるために水気を追う呪術も行なわれる。

さらに一月が十二支の「寅《とら》」であることも重視される。正月行事で「寅」の力を正しくはたらかせるようにせねばならないというのである。

「三合《さんごう》」という十二支の相性から、「午《うま》」は「寅」の力を増すと考えられていた。そのために正月行事に、馬を登場させることが多い。

●十二支と五行の「三合」

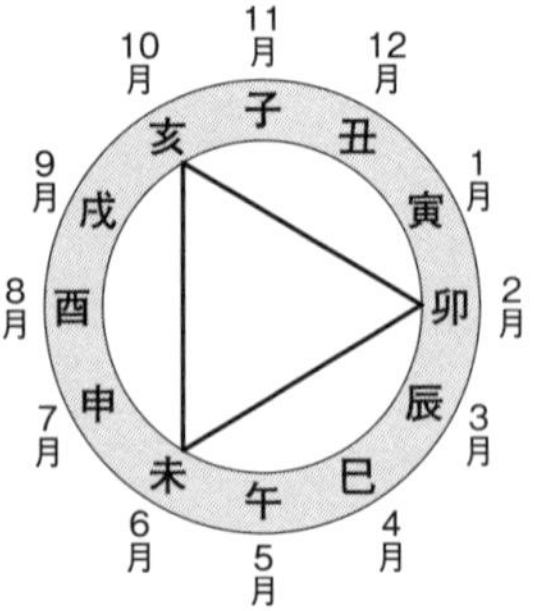

〈木気の三合〉

亥…生　卯…旺　未…墓

〈水気の三合〉

申…生　子…旺　辰…墓

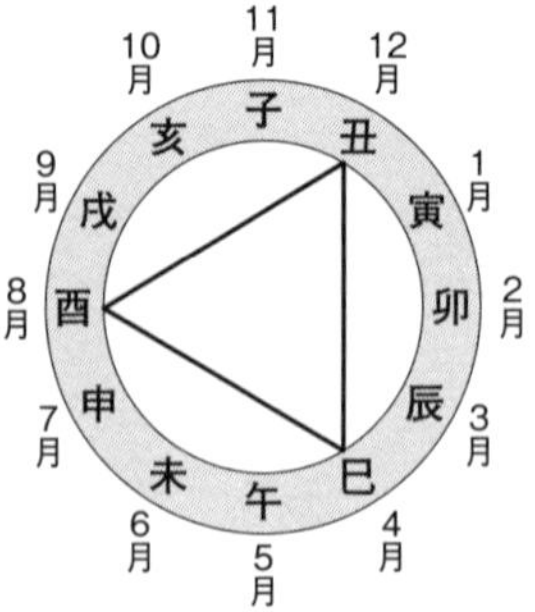

〈金気の三合〉

巳…生　酉…旺　丑…墓

〈火気の三合〉

寅…生　午…旺　戌…墓

●土用は春、夏、秋冬に分かれ、特定の月に集中しない。
そのため、土気の三合はない
●「生」「旺」「墓」は力の増減を示す。「生」で力の増大がはじまり、
「旺」で最大となり、「墓」で終わる

また「寅」は、五行の「火」の性質をもつ。したがって、「寅」の力が暴走すると火事が多くなる。そこで陰陽道は、「水」の性質をもつ「申《さる》」の力によって、火事をふせぐ呪術を行なう。

このような考えが、どのようなかたちで正月行事に反映されているかを、次節でみていこう。

正月行事への陰陽道の影響

●陰陽道にもとづく門松

日本には、きわめて多くの年中行事がある。このうちの大部分は、季節の節目節目に行なってきた神々の祭りをもとにつくられたものである。

日本人は、あらゆるところに神々がいると考えた。そして八百万《やおよろず》の神が、自分たちの生活を見守ってくれると信じて生活した。それゆえに数多くの無名の神々をまつる多様な年中行事が行なわれてきたのである。

このような年中行事のなかには、桃の節句（ひな祭り）、端午《たんご》の節句（こどもの日）のような全国規模の広がりをみせるものもある。しかし、じっさいには一地方だけにかぎって行なわれる行事がはるかに多い。

日本人が古くから行なってきた行事のなかには、特定の神社の神事と結びついたものも多い。また寺院が行なってきた仏事が、民間の行事と融合した例もいくつもある。

陰陽道が広まると、人びとは「陰陽道にもとづく呪術がきわめて有効なものだ」と考えるようになった。そのために、陰陽道の要素を自分たちが行なう年中行事のなかに取りこんでいったのである。

正月行事は、本来は「年神様《としがみさま》」と呼ばれる神を、家に迎えてもてなす行事であった。年神様は平素は、村落の近くの、かたちのきれいな山に住むとされた。

この年神様は、先祖の神であるとともに稲が無事に育つように見守ってくれる農耕神だと考えられていた。年神様とは、人間のような姿をした一柱の神様ではない。多くの目に見えないよい霊魂の集まりである。

つまり、祖先の霊魂が自然をつかさどるさまざまな霊魂とともに人びとを見守ってくれているとされたのだ。

年神様に対する信仰の起源は、弥生時代（紀元前一〇世紀〜後三世紀）にひろく行なわれた祖霊信仰に求められるといわれる。水稲耕作をはじめた弥生人は、自分たちの祖先の霊魂が、山の神、水の神、風の神などの多くの精霊と力を合わせて農耕神になると考えていた。

「自分たちは、祖先の霊魂に見守られて稲を育てて生きている」。こう考えたかれらは、銅《どう》鏡《きょう》や銅剣《どうけん》、銅矛《どうほこ》、銅鐸《どうたく》といった祭器を用いて農耕神をまつった。この祭祀《さいし》が、現在の神道の原形である。

年神様が、子孫の居場所を見誤るはずはない。だから古くは年神様は、正月になれば家を訪ねてくるものとされてきた。

ところが平安時代末から、家の入口に門松を立てて年神様を迎える習俗が広まりはじめた。陰陽道では、一月から三月までの春は五行の「木《もく》」の気に属するとする考えがとられていた。だから一月のはじめに家に松を飾って、春の「木《もく》」のよい気を迎えようとしたのである。

●正月行事と植物の関係

安倍晴明が活躍したことからもわかるように、平安時代の貴族のあいだで陰陽道が大流

●江戸時代の門松の扱い

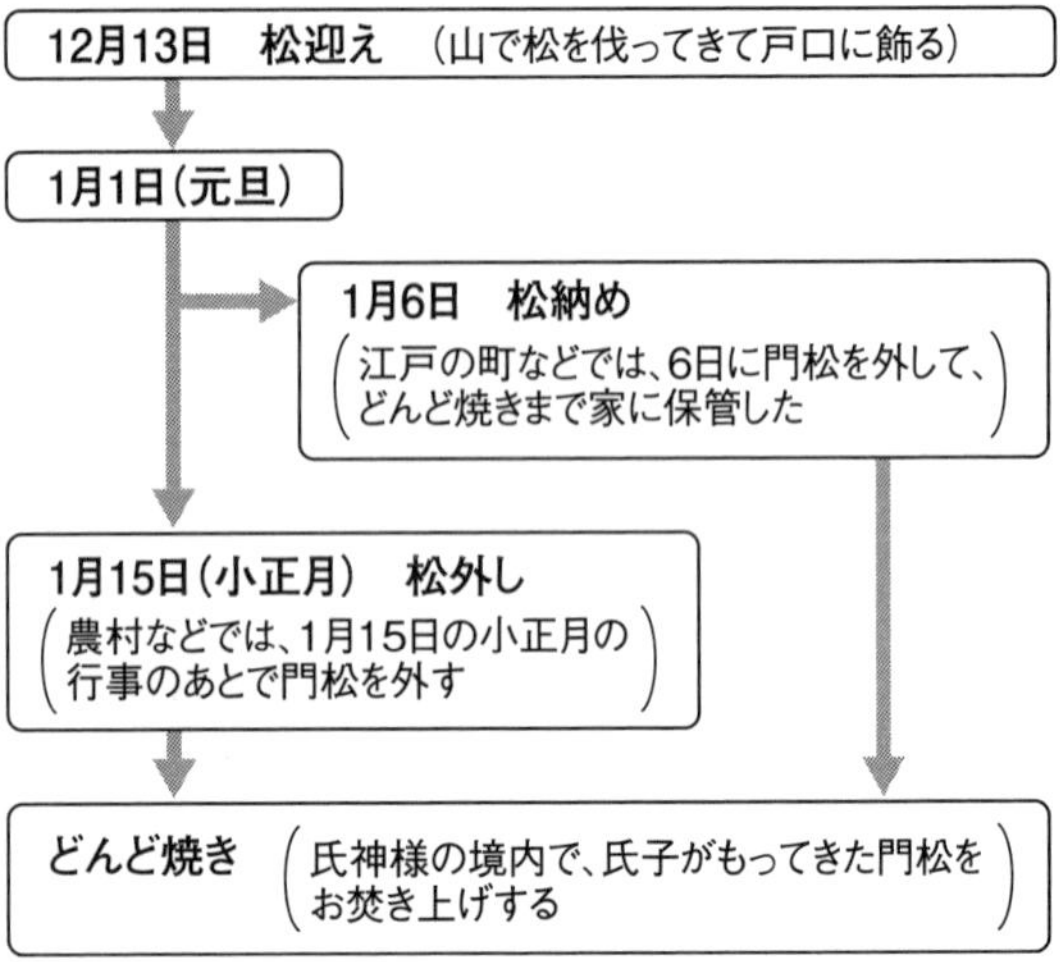
12月13日　松迎え　（山で松を伐ってきて戸口に飾る）
1月1日（元旦）
1月6日　松納め
（江戸の町などでは、6日に門松を外して、どんど焼きまで家に保管した）
1月15日（小正月）　松外し
（農村などでは、1月15日の小正月の行事のあとで門松を外す）
どんど焼き　（氏神様の境内で、氏子がもってきた門松をお焚き上げする）

行していた。そのため当時の貴族のなかに、大晦日に家のなかで神をまつる榊《さかき》を片づけ、その代わりに木気を集める松を飾る者が現れたのである。この時点では、まだ門口に門松を立てる習慣はない。貴族たちは冬でも葉を茂らせている松を、生命力の強い縁起のよいものとみていた。だから五行の「木」に属し、強い生命力をもつ松の力をもらおうとしたのである。

古代の日本には、神が高い樹木や巨岩に降りてくるとする信仰があった。神が訪れる神聖な木や岩は「依代《よりしろ》」と呼ばれた。のちには人工の柱を立てて依代とすることも、行なわれた。

陰陽道の松を飾る習俗は、このような依代

信仰と結びついていった。そのために室町時代のころから、「門松は年神様の依代である」と考えられるようになっていった。

室町時代に、京都の庶民が町内の出入口の門に松を飾る習俗が現れた。そして江戸時代にそれが、現在のような家の入口の門松になった。そしてこのころから、「年神様を迎える日に、門松を立てる」といわれるようになった。

門松のほかにも、さまざまな木や花を用い、春の「木」の気を正月に家に呼びこもうとする習俗がある。

現在でも、正月に祝い箸《ばし》でお雑煮《ぞうに》やお節《せち》料理をいただく習慣が広くみられる。祝い箸は白木《しらき》の箸で、一回きり使うものとされる。

正月の御馳走《ごちそう》をいただく前に、この祝い箸を神棚に備える。そして一月一五日のどんど焼きのときに、祝い箸を門松や正月飾りとともにお焚《た》き上げする。

祝い箸は、正月を迎えるために特定の日に山から切ってくる年木《としぎ》と深く関わるものだといわれる。神聖な年木の一部を削って、家族の人数分の箸をつくったのである。

このような正月のための神聖な木は、春の「木」の気を家に呼びこもうとするものであった。

●干支と恵方の方位

年の十干	恵方の方角	十干十二支の表記
甲と己	東北東	甲（寅卯のあいだ）
乙と庚	西南西	庚（申酉のあいだ）
丙と辛	南南東	丙（巳午のあいだ）
丁と壬	北北西	壬（亥子のあいだ）
戊と癸	南南東	丙（巳午のあいだ）

●十干十二支の方位

戊と己は中央に位置する

室町時代後半に、立花《りっか》と呼ばれる、生花《いけばな》の原形ができる。そして江戸時代に、床の間に花を飾る習慣が普及した。こういった動きのなかで、縁起のよい正月花《しょうがつばな》が好まれるようになっていった。

現在でも正月には、松、竹、梅や千両《せんりょう》、福寿草《ふくじゅそう》などの縁起のよい花を家に飾る。この習俗も、春の「木」のよい気をもらおうとする考えからつくられたものである。

これまで記したように、日本の正月には、さまざまな木や花が欠かせない。そのことは正月が、陰陽道で「木」の季節のはじめとされたことと深く関わっているのだ。

正月には、初詣《はつもうで》が行なわれる。現代の人びとの多くは参詣する社寺を適当に選んでいるが、江戸時代にはそれは「恵方詣《えほうもうで》」と呼ばれた。その年の十干にもとづく、幸運がやってくる方向が恵方である。恵方には歳徳神《としとくじん》という福の神がいるとされた。

江戸時代の人びとは暦を調べ、自分の家からみてその年の恵方にあたる有力な社寺をめざしたのである。

●迎春呪術としての節分

現在は、新暦の二月三日に節分が行なわれる。そのために、元日と節分とのあいだに一か月余りの期間ができてしまう。そこで正月と節分の豆撒《まめま》きとは、別の行事と考えられるようになってしまった。

しかし、旧暦では正月のはじまりが春の訪れとされた。旧暦が太陽太陰暦であるために、旧暦の元日と立春とが一致する年は稀《まれ》である。しかし、旧暦の元日は立春のすぐ近くにくるため、冬の最後の日に行なわれる節分の行事と正月行事とは、ひとつづきの関係にあるとされた。計算上では、立春がもっとも早くくる年には旧暦一二月一三日が立春になる。

●立春と正月

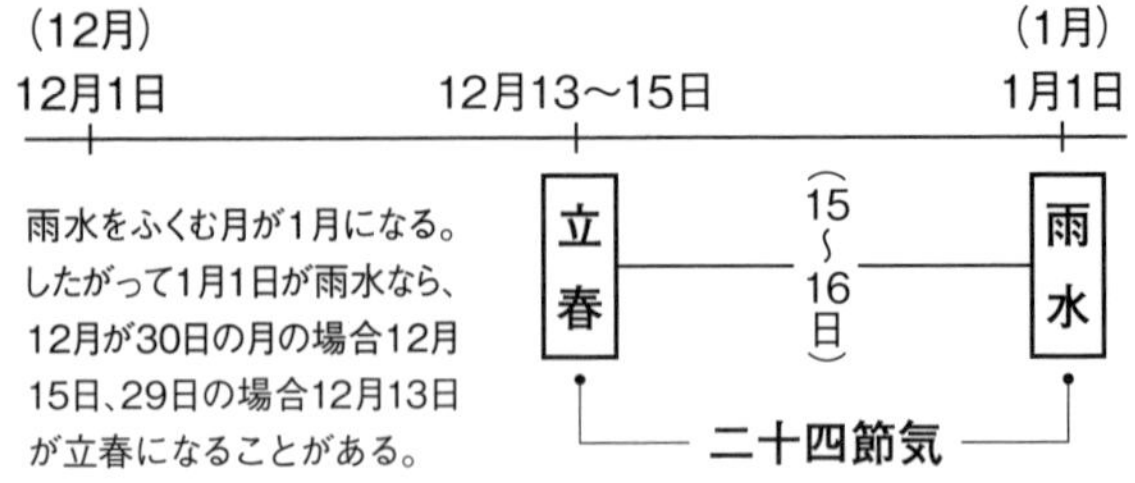
(12月)
(1月)
12月1日
12月13〜15日
1月1日
雨水をふくむ月が1月になる。したがって1月1日が雨水なら、12月が30日の月の場合12月15日、29日の場合12月13日が立春になることがある。
立春
(15〜16日)
雨水
二十四節気

このような年は、松迎えで門松を立てた一二月一三日が、節分の豆撒きになる。それでも門松を立てたあとに行なう豆撒きは、年の終わりのお清めと考えられたのである。

奈良時代や平安時代の宮廷では、大晦日に鬼を追う行事がひらかれていた。それを追儺《ついな》という。追儺では鬼の役目をつとめる者が、方相氏《ほうそうし》と呼ばれる目を四つもった面をかぶる。そして、弓矢をもった人びとに追われて宮中の門から逃げ出すのである。

このような追儺は、もとは中国で行なわれた災いを避けるための行事であった。しかし一二月晦日に大祓のお清めを行なってきた日本の貴族たちは、追儺も年の暮れのお清めと考えていた。

豆撒きは、悪い物を除ける力をもつ豆を用いて鬼を追う行事である。陰陽道では、堅い大豆や桃の実は「金」の気に属すものとされた。金の気は邪悪なものを倒す力をもつ。だから刀剣が魔除けに使われたり、桃太郎の名前をもつ子供による鬼退治の伝説がつくられたりしたのである。

現在のような豆撒きが広まるのは、江戸時代である。そして大豆を撒く習俗が、「金」の気で鬼を追うとともに、「金」の気を弱める呪術でもある点に注目したい。

春は五行の「木」に属するので、春を迎えるために「木」を剋《こく》す「金」の力を弱めておく必要があるとされたのだ（41ページ表参照）。

豆撒きでは、まず「鬼は外」といって豆を外に投げる。そしてつぎに「福は内」といって豆を家のなかに撒く。現在では豆撒きを終えた後の枡《ます》に残った豆を、年齢と同じ数か年齢に一を加えた数だけ食べる。

しかし、食物を大事にした江戸時代の人は、家のなかに撒いた豆も集めて、洗って食べていた。節分の豆は、外に棄《す》てられるか、人の歯でかまれて食べられる。このように豆を傷めつけることを通じて、「金」の気が弱められるとされたのである。

現在では、豆撒きのほかに、恵方巻の習俗もさかんになっている。これは、十干にもとづく吉方位である恵方（124ページ参照）をむいて、巻寿しを一気に丸かぶりするものである。

●節分の柊と鰯と豆殻

節分の夜には、鬼が町や村に出てくるといわれる。そのために節分の日暮れ前に、家の戸口に柊《ひいらぎ》で鰯《いわし》の頭を吊るす習俗が各地にみられる。この鰯は、ふつうは生の鰯でなく、鰯を干した丸干や目刺《めざ》しを用いる。

柊、鰯の頭とともに、豆殻を吊るす地域もある。現在の東京では、柊、鰯の頭、豆殻と紙に印刷した鬼の面を戸口に出すところもある。

この習俗は、ふつうはつぎのように説明される。

「昔、冬の終わりの日に鬼がやって来て家に入ろうとした。ところが、鬼は棘《とげ》のある柊を怖がり、鰯の強い臭《にお》いを嫌い、豆殻が風に鳴る音に脅《おび》えて山に逃げていった。そのために戸口に、柊、鰯、豆殻を掛けて鬼除けにするようになった」

節分に柊などを吊るす習俗の起源は、明らかではない。しかしそれは、立春の前日に冬の気である「水」の気を追い出す陰陽道の呪術の形式をとったものである。

木偏《きへん》に「冬」の旁《つくり》を付した柊を戸外に出すことは、冬の追い出しを意味する。鰯は水中にすむ魚で、「水」の気に属する。だから鰯は、冬の終わりに、柊とともに家の外に出されるのである。

豆殻を用いるのは、これとは別の系統の陰陽道の呪術である。豆撒きで「金」の気に属す煎《い》った大豆を傷めつけるのと同じ考えから、「金」の性質をもつ豆殻が屋外に出されたのである。

つまり冬が居残るのを防ぐために「水」の気を追う。そして、春の「木」の気の活躍を妨げる「金」の気を弱める。このようにして、力に満ちた春を迎えようと考えたのだ。

陰陽師もしくは陰陽道に通じた知識人の誰かが、よい春、つまりよい新年がくるように願って、柊や鰯や豆殻の呪術をはじめたのであろう。そしてそれが広まったのちに、呪物で鬼を追い返すとする新たな説明がなされた。

これまで記してきたように、私たちが何げなく行なっている正月行事のなかに、多くの陰陽道からくる要素が隠されているのである。

盆と冬至は欠かせない季節の行事

●年に二度の節目

古代の日本では、年神様が年に二回訪れてくるとする考えがとられていた。中国の暦が伝わる前の日本で、一月一日と七月一日に正月をおく暦がもちいられていたとする説もある。

現代でも、六月三〇日と一二月三一日に大祓のお清めが行なわれている。これは古代の朝廷で六月晦日と一二月晦日に大祓を行なった習俗の流れをひくものである。

年に二度の正月に年神様が訪れてくる前のお清めが、六月と一二月の晦日の大祓であったのだ。

そして七月一日に行なわれた年神様を迎える行事が、盂蘭盆会《うらぼんえ》という仏教行事と結びついた。さらに、それが陰陽道のさまざまな要素を取り入れて、民間のお盆になっていったのである。

盂蘭盆会は、先祖供養のための仏事である。そして七月一日に家に迎える年神様も、先祖の霊とされていた。そのために鎌倉時代に仏教が民間に広がったのちに、こういわれるようになった。

「先祖の霊が、お盆にあの世からこの世に帰ってくる」

『日本書紀』に、斉明《さいめい》天皇が飛鳥《あすか》寺の西方で盂蘭盆会を行なったことがみえる。斉明三年（六五七）七月一五日の出来事とされるこの仏事が、日本最初のお盆だとされる。盂蘭盆会は、釈尊の弟子の目連《もくれん》によってはじめられた。先祖供養の仏事だと伝えられる。この習俗がインドから中国を経て、古代日本の宮廷に伝わったのだ。

●お正月とお盆の関係

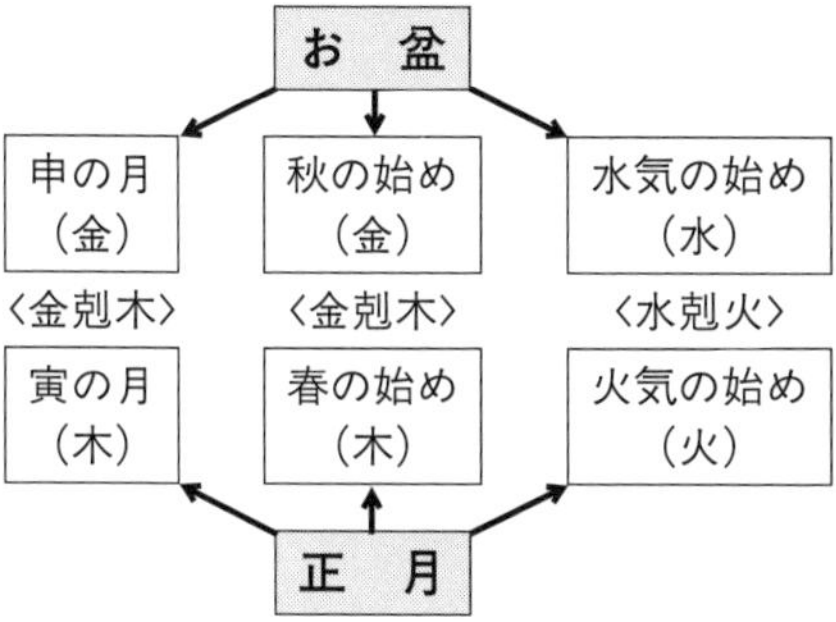

このあと、飛鳥の諸寺で毎年七月一五日に、天皇、皇族や貴族たちの七世の父母を供養する盂蘭盆会が開かれるようになった。そして寺院が各地に広まったのちに全国の僧《そう》侶《りょ》が七月一五日に信者の祖先の供養を行なうようになった。

そのために七月一日に代わって、七月一五日が先祖の霊が訪ねてくる日とされるようになったのである。

●五行の「火」とお盆

陰陽道では、お盆のある七月は十二支の申《さる》の月とされ、正月は寅の月である。

申は五行の「金」の性格をもつ。そして寅は五行の「木」に属している。そのため「金剋木《きんこくもく》」の関係になる。お盆と正月とは対立関係にあり、この対立において正月はお盆より弱い立場にあるとされるのだ（上の図参照）。

正月は「木」の気をもつ春のはじめでもある。これに対して、お盆のある七月は「金」の気に属す秋のはじめにあたる。つまりお盆と正月とのあいだに、二重の「金剋木」の関係が成立している。

このうえに三合（118ページ参照）でみた場合にも、お盆と正月との対立関係が存在する。正月の十二支である寅は、火気のはじめである。これに対して申は、水気のはじめに当たる。だから「水剋火《すいこくか》」により、お盆は正月と対立し正月より優位に立つことになる。

こういった陰陽道の考えにもとづいて、お盆の先祖のまつりが正月行事より重んじられるようになっていった。

「貧しい者は、年神様を迎える正月行事を自分のできる範囲で行なえばよい。それでも情け深い年神様は、子孫を助けてくれる。しかし、お盆に十分な供養をしないと、先祖は成仏できずに地獄で苦しむ。だからお盆の仏事は、借金をしても立派に行なわねばならない」

こういったことが、言い広められたのだ。「金剋木」と「水剋火」との要素により、お盆は正月より優位にある。だからお盆の行事を疎《おろそ》かにすると、お盆のときに生じた悪い気が正月で得たよい気を消し去ってしまう。そしてそのうえに新たな災いまでもたらすとされたのである。

だから現在まで、お盆の仏事を重視する家が多いのである。地方から東京に働きにきていて、正月とお盆にかならず故郷の実家に帰る者もいる。

お盆が行なわれる申の月が水気のはじめであることから、お盆の重要な部分に水に関わる行事が組み入れられてきた。お盆では、先祖の霊をあの世に送り返す。精霊流《しょうりょうなが》し（「しょうろうながし」とも読む）が行なわれる。これは灯籠《とうろう》を小さな船にのせて、川や池、湖、海に流すものである。

精霊流しの代わりに、水辺で大きな焚き火をする地方もある。また沖に精霊船《しょうりょうぶね》を浮かべて、船に火をつけて燃やしてしまう習俗もある。

これらは、いずれも陰陽道の「水剋火」の考えをあらわすものである。

「火は消えてなくなっても、川や海の水は永遠に存在する」というのだ。このような水気が火気にまさることを示す呪術を通じて、お盆行事のなかで「水」に属するよい気を強めようとしたのである。

●冬至の一陽来復

陰陽道に一年の推移を、陰陽の消長としてとらえる考えがある。それによれば、一年のなかの冬至から夏至にいたる期間が「陽」の気に属し、夏至から冬至までが「陰」の気に属することになる。太陽が一日ごとに高くなり、日が長くなっていく期間は「陽」で、太陽が低くなり日が短くなるのが「陰」とされたのだ。

この考えにもとづいて、冬至をふくむ旧暦の一一月が、「一陽来復《いちようらいふく》」の月だとされた。長い困苦のはてに、一筋の明るい兆《きざし》を見いだしたありさまで「一陽来復」である。

八卦には、一二の月一つ一つに対応する卦がある。一一月の卦は「地雷復《ちらいふく》」になる。それは五個の陰（⚋）の下に一個の陽（⚊）を置くかたちの卦（䷗）である。

万物が最悪の流れになっていたが、ここにいたってようやく明るいものがみえてきた。

こういったありさまを表すのが、「地雷復」である。

この易の考えから、一一月は万事のはじまりの月とされた。そのために十二支の最初にくる「子《ね》」が、一一月にあてられた。

冬至の日に、「一陽来復」のお守りを出す神社がいくつかある。東京では、早稲田《わせだ》の穴八《あなはち》幡宮《まんぐう》が知られている。大晦日や冬至の夜に、そのお守りを、つぎの年の恵方にむく方向に貼ると幸運がくるとされる。

つぎの陽の期間に多くのよい気を取り入れ、それにつづく陰の期間になるべくよい気を失わないようにする。こういった陰陽道の「一陽来復」の考えから、そのお守りがつくられたのである。

冬至の日に、南瓜《かぼちゃ》を食べて柚子湯《ゆずゆ》に入る習俗がひろくみられる。これは五行の「火」つまり「陽」の極まる夏の季節に属するものの力によって、「陽」の気を強めようとする呪術である。南瓜は「南の瓜」と書かれ、私たちは、南瓜の色を、赤と黄の中間におく。しかし、五行説は、橙色は暖かい色だから五行の「赤」に属するとする。いっぽう黄色は、五行説においては、中国の黄土の色とされ、暖かくも冷たくもない色となる。南の方角も、赤色も「火」に属す。柚子や橘《たちばな》は南方でとれる果実で、「火」に属するものとされた。

●日本人の年中行事に広がる陰陽道

冬の極みである冬至に、もっとも夏らしい要素をもつ南瓜や柚子の力をもらうのである。

雛祭りに飾る桃の花は、中国で魔除けに用いられた「金」の気に属す花である。端午の節句（こどもの日）のときに飾り物にしたり菖蒲湯《しょうぶゆ》に用いる菖蒲も、中国で古くから用いられた魔除けの芽である。

七夕の起源は、中国の陰陽五行説のうえに立つ星祭りである。こういったことを挙げていくときりがない。

陰陽道の呪術の多くは、季節の推移と深い関わりをもつものであった。中国人は古くから季節の節目ごとに、その季節に合わせた招福の行事を行なってきた。そしてそのような中国的な要素が、長い期間をかけ、陰陽道を通じて日本の年中行事のなかに取り入れられてきた。

江戸時代以前の日本では、季節ごとの多様な年中行事が行なわれていた。それらは「人間が自然に生かされている」という、自然への感謝の気持ちからなされたものである。

人びとは季節が順調に巡り、農作物がよく実るように神仏に願った。陰陽道にもとづく呪術は、自然とともに生活していた時代の日本人の生活に深くとけこんでいたのである。

七章

幸福な暮らしを追究する風水と家相判断

●大地の「気の流れ」をいかに取りこむか

大地の気の流れを読む

●管輅と風水の起こり

風水は、陰陽五行説をふまえて発展した東洋の経験科学である。陰陽五行説によりながら独自の流れをもって大きく発展したため、陰陽五行説から枝分かれした新たな学問のようにもみえる。

しかし、中国の陰陽五行説は、陰陽家、五行家、医家、気功師などの多くの系統に分かれるものであった。そして風水師と、陰陽家、五行家、医家、気功師などとの交流がしきりに行なわれた。その意味では、風水は陰陽五行説のひとつとしてとらえるのがよいだろう。

秦《しん》代から後漢代にかけて(紀元前二二一年〜紀元後二二〇年)の時期に、陰陽五行説にもとづく占術が大きく発展した。そして九星という新たな占術がもてはやされた。

このような成果をふまえて、風水がつくられた。

風水師の元祖といわれるのが、三国時代(二二〇〜二八〇年)の高名な占術家管輅《かんろ》(二〇九〜二五六年）である。かれは正確な未来予知を行なって、魏《ぎ》をひらいた曹操《そうそう》を驚かせた。管輅は酒と宴会を好み、誰とでもわけへだてなく接した。貧しい者の相談事にも気軽に応じ、報酬をとらずに占いを行なった。そのために、庶民に大いに愛されたという。

曹操が管輅に仕官を勧めたところ、かれは「私の相は、官吏《かんり》にむいていない」といって辞退した。そして「自分は短命で、その寿命は四八歳である」と弟子たちに語り、予言どおりに四八歳で亡くなった。

この管輅は、それまでの陰陽五行、十二支、九星などによるものに地上の気の流れを読む風水の要素を取りこみ、占術をより的確なものにしたという。最初に四神《ししん》のはたらきを地形と関連づけたのが、管輅である。かれは、こう述べた。

「東方を治める青龍《せいりゅう》、南方を支配する朱雀《すじゃく》、西方を押さえる白虎《びゃっこ》、北方をつかさどる玄武《げんぶ》。この四方の神が、四神である。四神の働きやすい土地に居所を置けば、幸福が得られる」

管輅は、毌丘倹《かんきゅうけん》（?〜二五五）という有力な将軍の父親の墓のそばを通りかかったときに、こういったと伝えられる。

「この墓の墓相が悪い。玄武が頭を隠し、青龍に足がなく、白虎が死骸をくわえ、朱雀は哀しく泣いている。これは墓を守る者がいなくなる相《そう》だ」

毌丘倹は、魏の東方経営に活躍した人物である。二三八年に、かれは司馬懿《しばい》（仲達《ちゅうたつ》）に従って、遼東半島と朝鮮半島北部を支配していた公孫淵《こうそんえん》を倒した。このことが二三九年の邪馬台国卑弥呼《やまたいこくひみこ》の魏への遣使を実現させた。

しかし、毌丘倹は二五五年に司馬懿の子の司馬師《し》との勢力争いに敗れて戦死した。管輅の予言は、毌丘倹の反乱の二年前にあたる二五三年に行なわれたと伝えられている。

●地理と気の関係を究めた風水

『易経』（38ページ参照）に、つぎの言葉がある。

「空を仰いで天文を観察し、下に俯《うつむ》いて地理を観察する」

これは陰陽五行の流れを正確につかむために、空の星を観測するほかに、大地の姿をみて「気」の流れを読むことが必要だと述べたものである。すでに記したように、陰陽五行説の世界観は万物が「気」からなるとする。これに従えば、「気」は、特定の場所に固まって滞るものではないことになる。つまり目にみえない「気」は、水の流れのように地上を動いていって、あらゆる事物を育くんでいるのだ。

そのために、山や川の姿を観察することによって、「気」が流れる道がつかめると考えられた。この「気」が通る道を知って、よりよい「気」を取りこもうとしたのが風水術である。

管輅の活躍がきっかけになって、風水の研究がじわじわと中国に広まっていった。

「多くの人が心地よいと感じる土地は、どのような地形をしているか」

「人間が不安感や不快感をもつ土地は、どういったものか」

「よい出来事がつづけて起きるのは、どのような土地か」

「災害や事件は、どのような土地でつづけて起きるか」

こういったことに関する実例を積み重ねることによって、風水説が発展していったのだ。

しかし風水は、陰陽五行説の主流にはなりえなかった。陰陽五行説をとる有力な学者の多くが、御用学問である儒学を身につけて権力者に重んじられていた。これに対して、風水師は、おおむね民間の占術家とみられたからである。

明代《みんだい》（一三六八～一六六二年）に風水説を大成した『地理人子須知《ちりじんししゅち》』という書物がまとめられた。現在の風水師の多くが典拠とする書物である。しかし、その著者とされる徐善継《じょぜんけい》と徐善述《じょぜんじゅつ》の兄弟の伝記は、まったく伝わっていない。この一例からも、風水師が軽く扱われたありさまがわかる。

●天地と人体の比較

天地	人体
大宇宙⇓龍穴━龍脈⇓地上のあらゆる場所に風と水を巡らす	小宇宙⇓経絡━経穴⇓人体のすみずみに気と血を巡らす

※風と気、水と血は、それぞれ似た性質をもつ

●龍脈と人体

風水では、生気の流れる道である「龍脈《りゅうみゃく》」が重んじられる。誰もが龍脈を通じて、大宇宙のもつ「気」を分けてもらって生きているというのである。

「龍脈」の上には、よい「気」が集まる「龍穴《りゅうけつ》」と呼ばれるところがある。この龍穴を探し出せば、幸運をつかめるとされる。

龍穴の上に家や墓を営めば、その家が繁栄する。そして龍穴とそのまわりに、村落や都市をつくれば、村落や都市が大いに栄える。風水説は、このように説いている。

風水説は、世界を人体にたとえて、このように説明する。

「大宇宙つまりこの世界には、龍脈と龍穴からなる大きな流れがある。その流れを通じて循環する、『風《ふう》』と呼ばれる目にみえない気と水とがある。これと同じように、『気』と血が経絡、経穴を通じて小宇宙と呼ぶべき人体に広まっている」

風水説は、中国に三本の大龍脈が通っているとする。北条《ほくじょう》、中条《ちゅうじょう》、南条《なんじょう》である。北条は、おおむね黄河沿いに西から東に流れ、中条は淮水《わいすい》、南条は揚子江《ようすこう》のあたりを、それぞれ西から東に流れているとされる。つまり中国の三本の大河に沿って流れる大宇宙の気を、どのようにして取りこむかを考えるのが、中国の風水師の役目だとされるのである。

風水と都づくり

●日本の龍脈はどこか

中国の王都の多くは、風水にかなったかたちに設計されてきた。風水では、都を南向きの四角形につくるのが望ましいとされた。大地の「気」の流れを町の背後の北方から南方に流すのである。

この考えから、大地の「気」を集める山を背後にもつ地に都づくりがなされた。「気」は、山から都の北端部の中央に設けた王宮に入る。このあと「気」の流れは、三本に分かれる。そして一本は右京に、一本は町の中央の朱雀大路《すざくおおじ》に、一本は左京に流れていく。そして町中を循環して汚染された気が、朱雀大路の南端から都の南方の池や湖に流れ出すのである。

風水では、龍脈がどこにあるかを見極めるのが大切である。龍脈や龍穴をみつけるための手引きとなる書物は、いくつも書かれている。龍脈の大きな流れについては、たいていの風水師の意見は一致する。しかし龍脈の細かい部分の流れや、龍穴の位置に関しては、風水師のあいだで微妙に意見が異なることも起こる。日本列島の龍脈がどこにあるかに関しても、いくつもの説がある。

●風水による都づくり

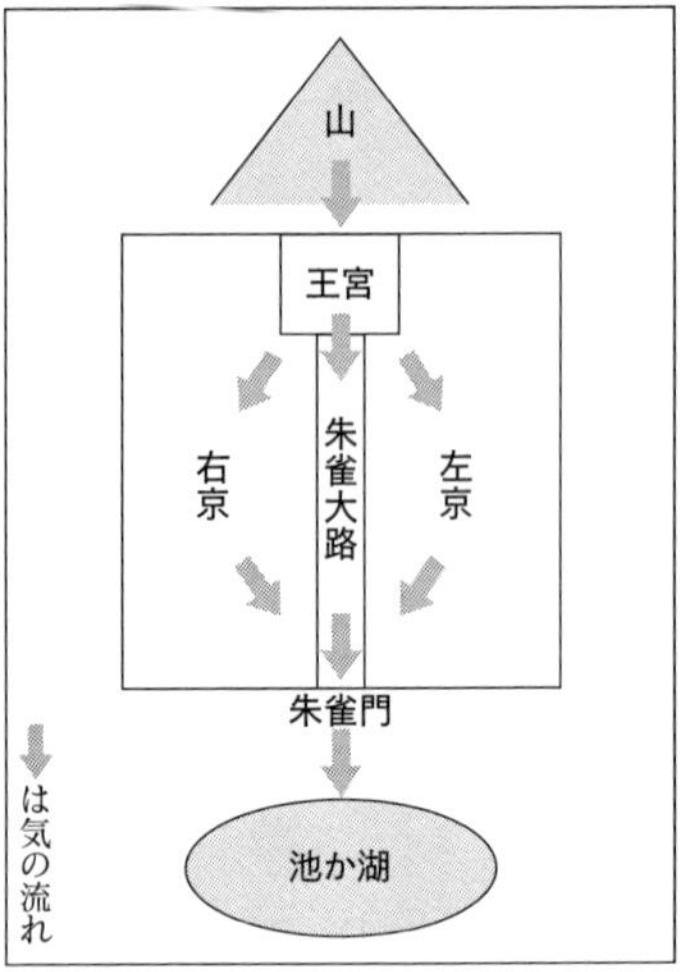

そのなかの一例として、日本の龍脈の流れに関する不二龍彦氏の説を図に示した。ただし、これが定説というわけではない。図には、三本の龍脈が描かれている。それは、北米大

●日本の龍脈

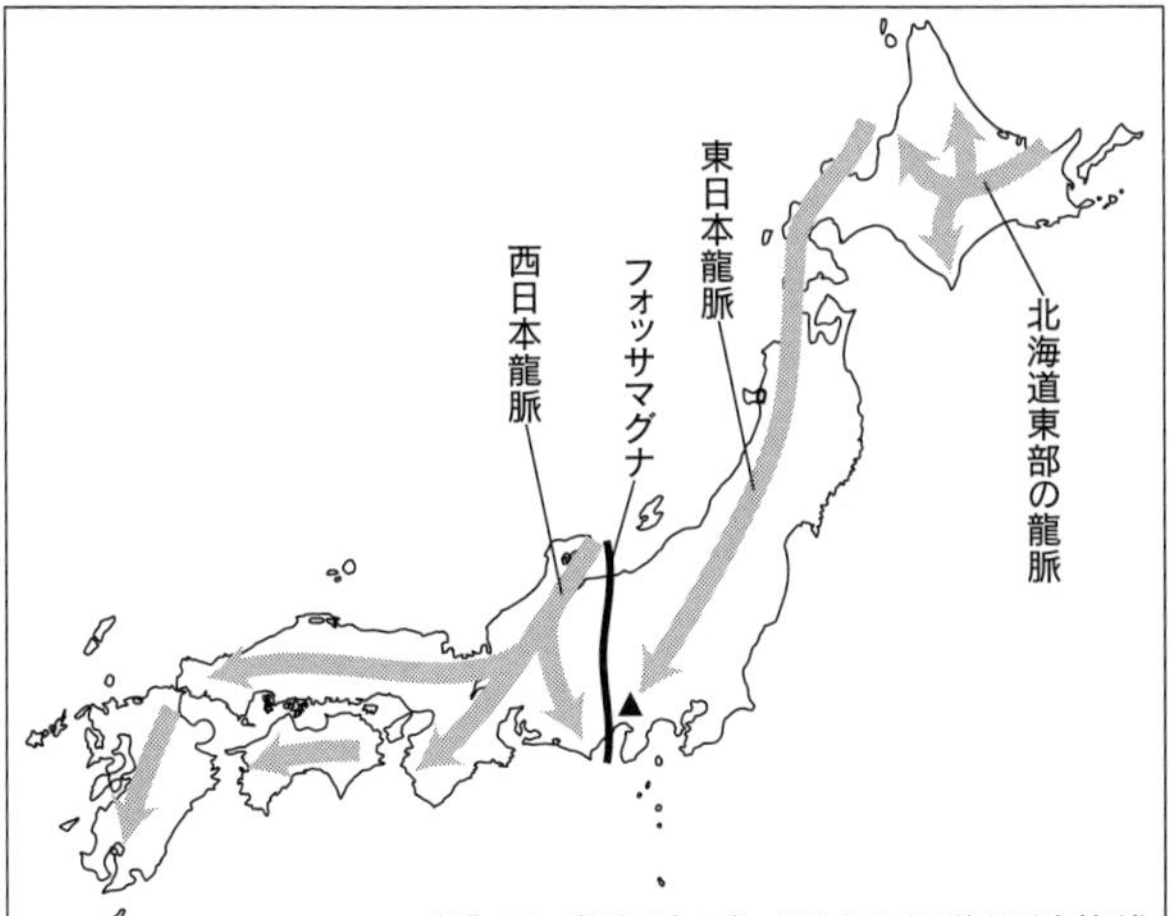

出典：不二龍彦「地の巻」（『風水の本』学習研究社刊）

陸からつらなる北海道東部の龍脈、北海道西部から富士山にいたる龍脈、富山湾から西日本に広がる龍脈である。

●風水から見た平城京と平安京

気は目にみえないもので、近代科学では気の正体がつかめていない。だから龍脈の詳細は、個々の風水師の直観によって知るほかない。とはいえ、誰もが「ここは気持ちがよい」と感じる土地は、たしかにある。そうした場所は多くの風水師によって、龍脈だとされる。しかし「このあたりが龍脈だ」という点は一致しても、ある風水師は川の右岸、ある風水師は川の左岸に龍脈が流れていると主張することもある。

●平城京の立地

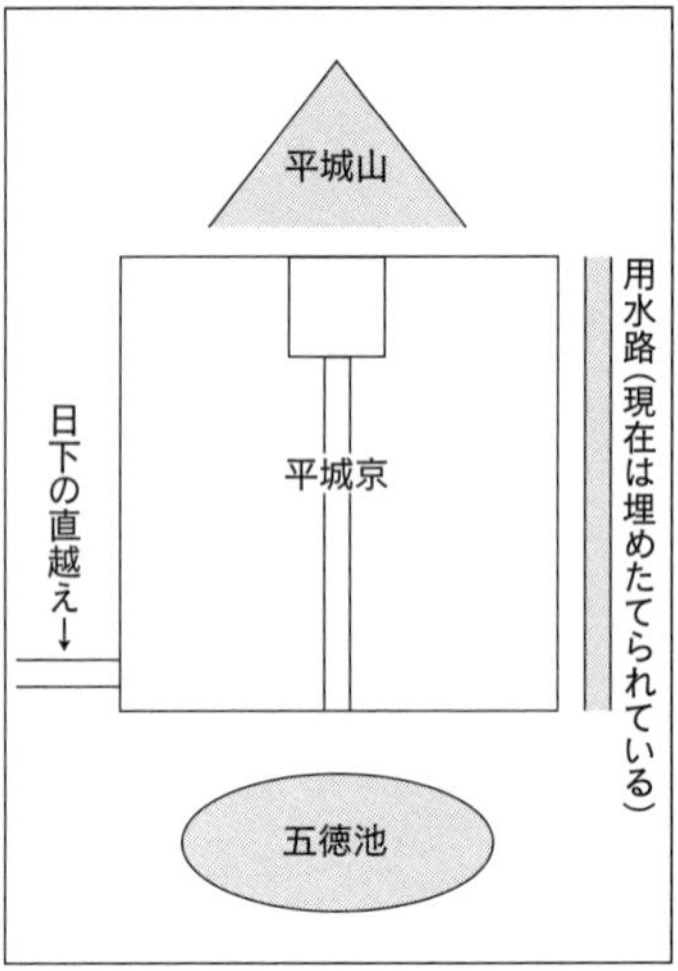

風水説のなかには、「土地と個々の人間との相性」を重んじる説もある。風水師が龍脈や龍穴だという土地でも、自分の直観で気に入らなければ「よい土地」にはならない。

しかし、日本の知識層が古い時代から、風水説によって好ましい土地を探しつづけたことは事実である。

平城京、平安京などの古代の都市の設計は、中国の王都を手本に行なわれた。そのために日本の都づくりが風水の影響を受けたことは明らかである。145ページに示した不二氏の龍脈に関する説にしたがえば、平城京も平安京も西日本に連なる龍脈からうけた「気」を北方から取り入れて南方に流す場所に位置している。

さらに風水には、「四神相応《ししんそうおう》」の地が都にふさわしいとする考えがあった。四神とは四つの方位を守る、中国の神獣である。

五行思想によって、東の神獣は「木」の気の青色、南の神獣は「火」の気の赤色、西の神獣は「金」の気の白色、北の神獣は「水」の気の黒色とされた。そのために前に記した、青い青龍《せいりゅう》、赤い朱雀《すじゃく》、白い白虎《びゃっこ》、黒い玄武《げんぶ》が四神となった。中国では招福のために家の四方や部屋の四方に、各々の方位に対応する四神の獣を飾る習俗もある。風水では、「青龍は流水、朱雀は沢畔《たくはん》、白虎は大道《だいどう》、玄武は高山」とされていた。

平城京の北方には、平城山《ならやま》がある。そして都の東方には、農業用の用水路がつくられていた。さらに平城京の南方に五徳池《ごとくいけ》があり、都の西方には日下《くさか》の直越《ただご》えという難波につづく道がある。

●平安京の立地

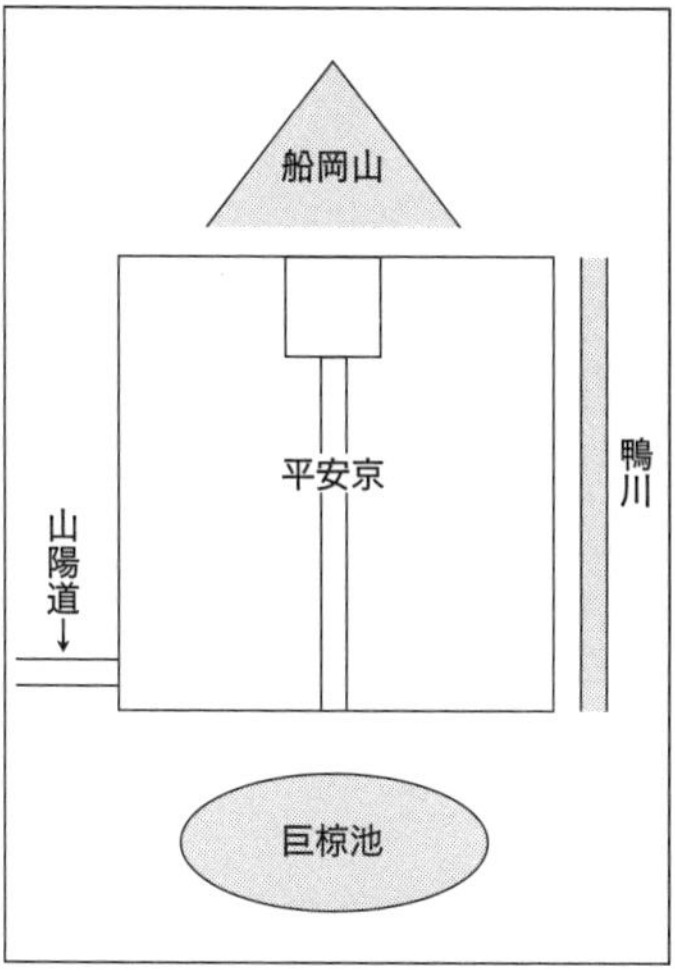

この配置から、風水に通じた者が平城京の設計に当たったことがわかる。平安京も、四神相応につくられていた。

東に鴨川、南に巨椋池《おぐらいけ》、西に山陽道、北に船岡山。この中心に、平安京が建設された。さらに古代に創建された有力な社寺をみると、背後に山をもち、前面に海や池のある風水にかなったつくりのものが多いことに気づく。

●風水から見た江戸・東京

京都の町は、四神相応の地にあったために長期にわたって栄えることになったといわれる。江戸の町も、徳川家康のもとで急速に発展した。家康の意向を受けて江戸の町づくりの計画を立てたのが、僧天海《てんかい》であるといわれる。天海は、多分野の学問を身につけた人物であった。かれは、風水にも通じていたと推測できる。

江戸城は、よい「気」の集まる地に営まれた。そこは、風水の「龍穴」とされる七個の台地に囲まれた位置にあった。上野台地、本郷《ほんごう》台地、小石川《こいしかわ》台地、牛込《うしごめ》台地、麹町《こうじまち》台地、麻布《あざぶ》台地、白金《しろがね》台地が七つの台地である。同じほどの高さの台地が、都合よく集まったものだと驚いてしまう。

七個の台地から流れてきた気が、北、西、南の三方から江戸城に集まり、東方の江戸湾に抜けていくのである。このかたちは、七箇所から「気」をもらえるので、背後に一個の山をもつ四神相応の地よりさらによいともいわれる。

現在では七つの台地が開発されて、建物が立ち並んでしまった。東京湾の埋立てもすすんだ。そのため皇居、江戸城跡、北の丸公園のあたりに昔の面影はない。

しかし、かつての江戸城の眺望は、心をなごませるものであったろう。眼下に海を見下

●五色の不動尊

五色不動	江戸	明治	現在
目黒不動尊	目黒区下目黒3丁目 天台宗　瀧泉寺(寛永寺の末寺)		
	目黒区下目黒		
目白不動尊	文京区関口2丁目(真言宗　新長谷寺) 昭和20年5月の戦災により焼失		豊島区高田2丁目 (真言宗 金乗院慈眼寺)
	椿山荘の東側		学習院大学の東側
目赤不動尊	文京区本駒込1丁目 天台宗　東朝院南谷寺		
	吉祥寺の西側		
目青不動尊	麻布谷町 観行寺	青山南町 教学院	世田谷区太子堂 天台宗最勝寺　教学院
	六本木ヒルズ	港区南青山2丁目=青山霊園	三軒茶屋=昭和女子大の西側
目黄不動尊	なし	墨田区東駒形 天台宗　東栄寺	江戸川区平井 天台宗　最勝寺
		台東区三ノ輪　天台宗　永久寺	

出典:戸矢学『陰陽道とは何か』(PHP研究所刊)

ろし、三方をなだらかな台地の緑に囲まれ、昼は海から台地へ、夜は台地から海へと自然の風が流れていったのである。

東京には、いくつかの龍穴があるとされる。「五色の不動尊《ふどうそん》」の地は、そのひとつである。

目白不動尊、目黒不動尊、目《め》赤《あか》不動尊、目《め》青《あお》不動尊、目《め》黄《き》不動尊が「五色の不動尊」である。このなかの目黄不動尊を除く四か所の不動尊をまつる寺院は、三代将軍徳川家光《いえみつ》が指定したものである。それらは家光の後見人であった天海の意向によって選ばれたと考えられている。目黄不動尊は、明治時代につけくわえられたものであるらしい。

これらは、不動明王の目に色がついているわけではない。五行の「木」「火」「金」「水」

に対応する色である「青」「赤」「白」「黒」の不動尊が指定されたのである。江戸時代に四か所の不動尊があった地の現在のありさまをみると、そこがいずれも繁栄していることがわかる。たとえば、目青不動尊のあたりは、富裕層のあつまる六本木ヒルズになっている。よい「気」が集まる地にひかれて、すぐれた人が集まり、町のにぎわいをつくるとされるのである。

●よい家相の条件

風水は、「龍脈を流れてくるよい『気』を取り入れる家に住む者は、幸運を得る」と説いている。そのために、「風」と「水」から構成される大宇宙の「気」を取りこむ家をつくろうとする、家相の考えが生まれた。

この家相に関しては、きわめて多様な説が出されてきた。現在の日本と中国の風水説の家相の見方も、異なっている。これは江戸時代に家相が好まれ、多彩な占術家が活躍したためである。江戸時代末に、家相の本が二点刊行された。天保五年（一八三四）刊の松浦琴《きん》鶴《かく》『家相一覧』と、安政六年（一八五九）の多田鳴鳳『洛《らく》地準則《ちじゅんそく》』である。これらは、江戸時代の家相研究の集成と呼ぶべきものである。今日、家相を扱う占術家の多くが、この二

●良い家相

①家屋が、東西線、南北線に沿っている

②すべての方位に「張り」も「欠け」もない

③家屋全体が正方形であることが望ましい

④東か南中央に玄関がある

⑤東西に大きな窓がある

⑥南側が開けている（隣家など遮蔽物《しやへいぶつ》がない）

⑦北に裏口がある

冊の本によっている。

　家相の鑑定方法は、きわめて複雑である。そのなかには、家の主人の九星などを調べたり、家族一人一人の九星まで気にかけるものもある。家に住む人がもつ本性に合った家がよいというのである。

　ここまで詳しい判断は、本職の占術家に頼まねばならない。家相のなかの枝葉末節《しようまつせつ》の部分になると、きわめてあやふやになってくる。しかし、家相にもとづく「誰にとってもよい家相」というものもたしかにある。それらを表にしておいた。

　この表をよく読んでみると、そこに記したつくりの家が住み心地のよいものであることがわかってくる。東西線、南北線に沿っている家には、均等に日が当たる。午前中には家の東半分に、午後には家の西半分に日が射《さ》しこんでくるのである。しかし、南東や南西にずれたつくりの家は、家の一方の側だけの日当たりがよいかたちになってしまう。

張り（凸）や欠け（凹）のある家や土地には、無駄な空間ができてしまう。だから、すべての方位に張りも欠けもないことが望ましい。また、家の玄関は、家のまわりの明るい側である東か南に設けるとよい。昔は午前中の早い時間に客が家を訪れてくることが多かったので、朝日に照らされて明るい東側に玄関を設けることが多かったのだ。

このように家相で説くことの多くは、合理的な観点からみても妥当なものであった。これは、家相占いをする者が、自分の目で多くの家を観察したなかから導き出されたものである。かれらは、「住み心地の良い家はどのようなものか」を真剣に考えていったのだ。だから家づくりに当たって家相を考えることは、十分有効なのである。

●日本独自の鬼門

北東の方位を「鬼門」と呼んで凶位とする考えが、日本に広くみられる。この考えは、中国にはないものである。

鬼門を恐れる発想は、平安時代のごくはじめにみられた。僧最澄《さいちょう》が、延暦《えんりゃく》七年(七八八)比叡山《ひえいざん》に、比叡山寺を建立している。これが延暦寺の前身である。これからまもなく平安京への遷都(七九四年)が行なわれたが、最澄は都の北東にある自分の寺を、「平安京の鬼門の守り」と唱えた。

北東の反対側の南西も、「裏鬼門《うらきもん》」と呼ばれて凶方位とされた。江戸の町づくりに当たって、浅草の浅草寺《せんそうじ》と上野の寛永寺《かんえいじ》が江戸城の鬼門の守りとされた。そして、芝《しば》の増上寺《ぞうじょうじ》と赤坂の日吉神社が裏鬼門の守りといわれた。

日本の家相の考えでは、家の鬼門は最悪の位置とされている。そこに玄関や風呂場、便所をつくると不幸になるというのだ。

北東を凶位とする考えは、陰陽道以前の日本の民間信仰からくるものであるとみられる。建物の北東の部分は、日当たりが悪く湿って居心地が悪い。こういったことから、北東の方位が忌まれるようになった。

そして陰陽道が入ったのちに、北東が、十二支の丑《うし》の方位と寅《とら》の方位の中間であることが注目された。それによって北東は、「牛の角をもって虎のふんどしを着けた」鬼がくる方位であると説明づけられたのである。

●中国で重んじられた墓相

中国の風水師は、家相よりはるかに墓相を重んじる考えをとっている。これは、よい墓相が子孫の繁栄をもたらすとする考えからくるものである。

人間の体は、多くの先祖の魂とつながっている。だから墓から取りこんだよい「気」が、さまざまなかたちで子孫を助けるとされたのである。この考えによって古代中国の王者たちは、風水にかなった立派な墓をつくった。

そのような王者の墓づくりにあたって、ふたつのことが重んじられた。ひとつは龍穴の地を選んで墓を営むことである。そしてもうひとつは、四神相応の地（139ページ参照）となるかたちに墓を建設することである。

だから王者の墓は、北方が高く、南方に池や湖がある地を選んでつくられた。墓づくりのためにわざわざ、土を積み上げたり池を掘ったりした例もある。

そして墓参りのための道は、西方から墓にむかうかたちがとられた。東側の川は多少離れた位置にあったり、小さな川であったりしてもよいと考えられたらしい。

前にも記したように、古代中国では「天円地方」、つまり天は球形で地は四角形だとする世界観がとられていた。そのために四角形の台座の上に半球形を重ねた墓石をもつ墓が、風水にかなったものとされた。

この墓石の、天を表す半球の頂点に、北斗七星を描くこともある。また墓の台座の四方に四神の姿を刻む場所や、台座のまわりに一二の方位をつかさどる十二支の動物を配することもある。このようにして、ひとつの宇宙を表す墓をつくることによって、大宇宙の「気」を取りこむことができると考えられたのである。

墓を営む地の良し悪しは、家相と同じ原理で決められた。家を建てるのに気持ちのよい土地に、墓を営もうとしたのである。

●風水と医術

中国の風水師のなかに、医術に関心をもつ者がいた。かれらは大地の気の流れを人体になぞらえて解説した。これは「気（天）」が、万物をつくるとする思想にもとづくものである。陰陽道に立つ医術には、経絡、経穴を重んじる考えがあった。気が経絡を通って、人体を巡っているとするものである。

風水師のなかには、経絡を記した経絡図にならって、大地の気の流れを記した図をつくる者もいた。天から与えられた「気」が、龍脈や龍穴を巡って人びとに恵みをもたらすというのである。

風水には、「気」は水とともに流れていくとする考えもあった。これにより、中国の都市の設計に当たっては水利工事が重んじられることになった。

都市によい気を取り入れるために、河川の水を引く。そして、その水を都市の内部に設けた多くの溝に流しこみ、さらに溝から流れ出た水を集めて河川に排水する。

すでに述べたとおり、人体の気・血・津液の滞りが、病気のもとである。これと同じように水の停滞が、都市に腐敗をもたらすといわれたのである。

こういった考えから風水師は水利術を学び、為政者は風水師の助言を受けて町づくりを行なった。そのために中国では、水を有効に利用する都市の設計が発展した。この技術が、さまざまなかたちで日本に伝わり、京都や江戸、大坂などで水路をあちこちに巡らせた町づくりがなされたのである。

これまで記してきたような風水は、陰陽道の基本をふまえたうえで独自に発展してきた分野である。陰陽道はさまざまに枝分かれして、現在の私たちの生活に大きな影響を与えてきたのである。

八章

陰陽道は神道といかに融合したか

●天皇制と神事に浸透した陰陽道の歴史

天皇を正統づけた陰陽道

●天皇号と北極星

大和朝廷は、三世紀はじめにあたる紀元二二〇年ごろに誕生したと考えられている。この大和朝廷の君主が、大王《おおきみ》であった。現在の皇室は大王の子孫に当たる。

大王は「大和《やまと》」と呼ばれた奈良盆地の守り神とされた大物主神《おおものぬしのかみ》の祭司であった。大王はつねに、大物主命に守りを受ける。そして、大物主命の意志に従って人びとを治めると考えられた。

大和朝廷が発展していくなかで、中央や地方の豪族がまつる神は、大物主神の配下の神とされた。そして、王家の日本統一が完成に近づいた六世紀はじめに、王家の守り神は太陽神である天照大神《あまてらすおおみかみ》に代わった。大物主神は、現在、奈良県桜井《さくらい》市の大神《おおみわ》神社で、医薬の神としてまつられている。

天皇が日本の君主である根拠は、このような神道をふまえたものであった。『古事記』や『日本書紀』の神話には、詳細な神々の系図が記されている。この系図は、奈良時代はじめに完成したものである。

貴族や中央豪族の祖先神もしくは祖先とされた人物は、そこでは天照大神の子孫、親戚もしくは、家来筋の神とされている。

天皇の正統性は、神道によるものであることはまちがいない。しかし、陰陽道という東洋の経験科学を用いた天皇の権威づけが、それにくわわることになった。これは七世紀末の天武《てんむ》天皇の時代以後になされたものである。

天武天皇は、陰陽道を好んだ天皇として知られる。この天皇のとき、朝廷に陰陽五行説を研究する陰陽寮という役所がおかれている。

天皇号をはじめて用いたのは、天武天皇である。「天皇」とは、北極星を表す中国の言葉であった。陰陽五行説では北極星は宇宙の中心、すなわち太極とされていた。万物をつくる「気」はすべて、太極から発するものだと考えられたのである。

陰陽五行説の影響を強く受けた道教では、北極星は権威ある神としてまつられた。

天武天皇は、中国でもっとも権威あるもののひとつの名称を日本の君主の称号にしたのである。

●中国の王朝交代と日本

中国の君主は、「皇帝」や「天子」と名乗っていた。しかし言葉の格だけでいえば、「天皇」は「天子」の上にくる。天皇は「天」のもつ力そのものを象徴する。これに対して、「天子」は「天」の子供にすぎない。

中国で、君主が「天皇」と名乗ることは許されなかった。王朝交代がなされた中国の君主は、「天」から一定の期間だけ権力を委《ゆだ》ねられたものにすぎないのである。

推古一五年(六〇七)に、小野妹子《おののいもこ》が遣隋使《けんずいし》として中国の隋朝《ずいちょう》に赴いた。このときに、妹子は聖徳太子の意向をうけた、つぎのような書き出しの国書を持参した。

「日出《ひい》ずる処《ところ》の天子、日没《ひぼっ》する処《ところ》の天子に書を致す、恙《つつ》が無きや」

この国書を見て、隋の皇帝である煬帝《ようだい》は大いに怒った。東方の弱小国にすぎない日本の君主が、自分の同格の天子号を用いるのは認められないというのである。

天武天皇は自ら、この聖徳太子が用いた天子号よりさらに格の高い天皇号を名乗ったのである。これは、天皇家が古くから一系でつづいてきたことを誇るものであった。

中国には、古くから「易姓革命《えきせいかくめい》」の考えがあった。皇帝の政治が悪いと、王朝交代が起こるとする説がある。これは陰陽五行説の大成者である鄒衍《すうえん》の「五徳の転移」という思想

●五行に対応する徳目

五行	おのおのの性質	対応する徳目
木	万物を育む	仁：情け深い
土	万物の基礎となる	信：誰とも正直に接する
水	あらゆるところに流れて万物を潤す	智：広い視野をもち、多くの物事を知る
火	激しく力強くさまざまな働きをする	礼：秩序を守る
金	力強く悪を退ける	義：筋道を立てる

●五行相剋にもとづく王朝交代

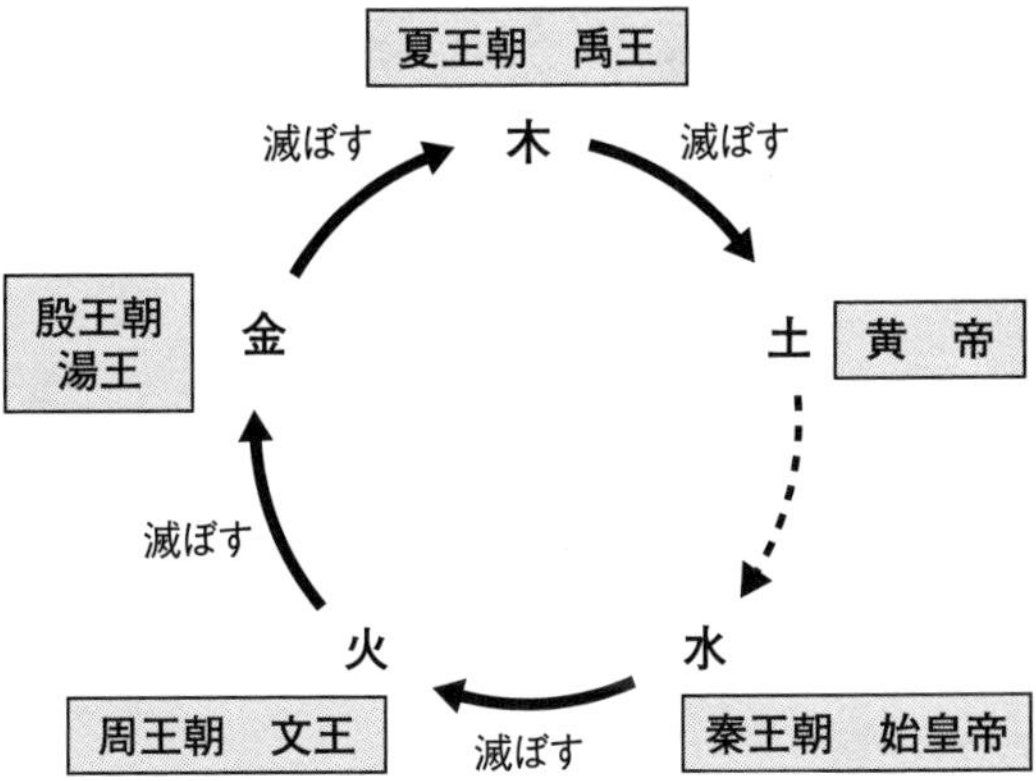

にもとづくものであった。

鄒衍は、五行は「木」「土」「水」「火」「金」の順で転移すなわち交代していくとする。そして人間に備わった「徳」は、五つの要素に分けられる。「木の徳」「火の徳」「土の徳」「金の徳」「水の徳」である。

「木の徳」が仁《じん》、「火の徳」が礼《れい》、「土の徳」が信《しん》、「金の徳」が義《ぎ》、「水の徳」が智《ち》となる。この関係の一例を、示しておこう。たとえば「木」は万物を育《はぐく》む性質をもつので、その徳を備えた人間は、仁の心をもつ情け深い生き方をする。この五個の徳を完全に備えた者は完璧な聖人になる。しかし、凡人は偏ったかたちで特定の徳だけをもつことになる。

「土の徳」をもった黄帝《こうてい》は、「木の徳」の夏《か》王朝に滅ぼされ、夏王朝は、「金の徳」の殷王朝に敗れた。このようにして、五行の循環のかたちをとった王朝交代がくり返されるのだと鄒衍らは説くのである。

中国の君主は、自分が属す王朝が、五行のいずれに属すかを知っていた。そして、自らの五行の性質を生かす方向の政策をとった。

これに対して天皇は、「仁礼信義智」のすべての徳を兼ね備えるものとされたのである。

陰陽道の祭祀

●一五〇種類の陰陽道祭祀

古代の皇室は、さまざまなかたちで陰陽道をとり入れた。平安時代の宮廷で一五〇の種類の陰陽道の祭祀《さいし》が行なわれていたとする説がある。このなかには、陰陽師ひとりで行なう占術といった、細かいものもふくまれていたと思われる。

陰陽道は、早くから神道と融合した。そのために、陰陽道の祭祀は、朝廷の文献では神道行事として扱われた。

「日本に入ってきた中国の神をまつる」のが陰陽道祭祀とされたのである。日本人が信仰するものは、何でも神になるのだ。神社にまつられている弁財天や金毘羅《こんぴら》神は、もとは仏教とともに日本に入ってきたインドの神であった。

平安時代末につくられた、『伊呂波事類抄《いろはじるいしょう》』という百科辞典（もしくは国語辞典）のような本がある。このなかには、八八種類の陰陽道の祭祀が出てくる。それらは、神道に関する項目のなかに収められていた。

●鬼門と裏鬼門

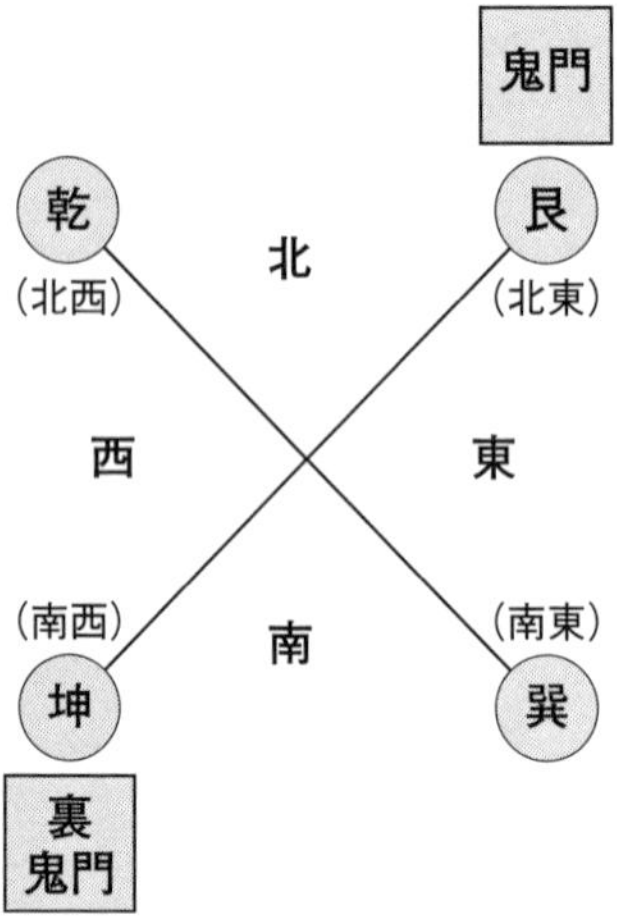

皇族や貴族が行なった『伊呂波字類抄』にみられない、細かい祭祀もあった。そのために平安時代の貴族社会で行なわれていた陰陽道の祭祀の種類は、約一五〇になるのではないかと推測されている。

平安時代の朝廷の主な陰陽道祭祀を挙げておこう。四角四堺祭《しかくしかいさい》は、宮廷の四隅と平安京の四隅で、鬼気や祟《たた》りを鎮《しず》めるものであった。

ここの四隅は東西南北ではなく、乾《けん》、艮《ごん》、巽《そん》、坤《こん》の四方位つまり北西、北東、南東、南西で行なわれた。

鬼が入ってくるとされる鬼門の北東、裏鬼門の南西の線と、それと直角に交わる北西、南東を結ぶ線で魔除けを行なうのである。この祭りは、形代《かたしろ》を使って鬼気を吸い取り、それを外へ持ち出して捨てるかたちで行なわれた。紙や木を人間のかたちにした形代を用いる呪術は、陰陽道に特有のものである。

五龍祭《ごりゅうさい》は、平安京の神泉苑《しんせんえん》で行なわれた雨乞いの行事であった。これは「五行」から生じた五色の龍神をまつるものである。

茅《かや》で五色の龍神の像をつくる。そして、東に木気の青龍、南に火気の赤龍《せきりゅう》、西に金気の白龍《はくりゅう》、北に水気の黒龍《こくりゅう》、中央に土気の黄龍の像を安置する。この五体の像に供え物をして、雨が降るように祈るのである。

ここに出てくる青龍は、東方をつかさどる四神の青龍と同じものである。中国には、古くから龍神を、水をつかさどる神とする考えがあった。それが陰陽五行説と結びついて、五色の龍をまつる雨乞いが行なわれるようになったのである。

●元日の四方拝

四方拝は、天皇が行なう元日の重要な祭祀で、現在の皇室でも行なわれている。この祭りは、平安時代なかばにあたる寛平二年(八九〇)から正月恒例の行事とされ、天皇が行なうものである。

平安時代には、天皇は元旦の寅《とら》の刻(午前四時)に、庭に出てまず北にむかい属星《ぞくしょう》を拝していた。属星とは、北斗七星のなかの星のひとつで、どの星が属星になるかは生まれ年によって決まる。

●四方拝の呪文

賊寇《ぞくこう》之中過《しちゅうか》度《ど》我《が》身《しん》、
毒魔《どくま》之中過《しちゅうか》度《ど》我《が》身《しん》、
毒気《どくけ》之中過《しちゅうか》度《ど》我《が》身《しん》、
毀厄《きやく》之注過《しちゅうか》度《ど》我《が》身《しん》、
五鬼六害《ごきろくがい》之中過《しちゅうか》度《ど》我《が》身《しん》、
五兵口舌《ごひょうくぜつ》之中過《しちゅうか》度《ど》我《が》身《しん》、
厭魅呪咀《えんみじゅそ》之中過《しちゅうか》度《ど》我《が》身《しん》、
百病除癒《ひゃくびょうじょゆ》、
所欲随心《しょよくずいしん》、
急々如律令《きゅうきゅうにょりつりょう》。

つまり朝日が昇る前に、星空の下で最初に北斗七星を拝むのである。この北斗七星信仰は、中国で古くから行なわれたものである。

天皇はそのあと天を拝し、西北にむかって地を拝する。ついで東、西、南、北の四方を拝し、さらに先祖の諸天皇を葬る山陵《さんりょう》がある方向を拝する。このとき天皇は、図に示したような呪文を唱えるのだが、その文は陰陽道独特の言いまわしをとっている。

呪文は「急々如律令《きゅうきゅうにょりつりょう》」の語で結ばれている。この語は陰陽道の呪文に欠かせないもので、つぎのような意味をもっている。

「(この願いは)天地をつかさどる法に定められたように、まちがいなく速やかに実現するものだ」

現在の四方拝は、皇居の神嘉殿《しんかでん》の南の庭に設けた建物のなかで行なわれている。元日の午前五時半に、四方拝がはじめられる。このとき天皇は、まず伊勢の内宮《ないくう》と外宮《げくう》つまり、皇大神宮《こうたいじんぐう》と豊受《とようけ》大神宮を拝む。そのあとで、国内の主だった神社と天皇陵を拝するのである。

北斗七星の属星を拝む行事は、現在は行なわれていない。このような四方拝は、陰陽道の要素を弱めた、より神道的なかたちに改めたものといえる。

●子の月の大嘗祭

古くから行なわれた日本独自の神事のなかに、陰陽道の要素がくわえられた例も多い。六月と一二月の大祓《おおはらえ》のときに、氏子が自分の祓《けが》れを移した形代をもって、氏神様に参拝する習俗がある。神社は形代に用いられた紙の人形を、お焚《た》き上げしてお清めとする。この形代を用いる呪術は、陰陽道からきたものである。

朝廷で毎年、新嘗祭《にいなめさい》が行なわれる。そして、天皇即位のときの特別の新嘗祭を大嘗祭《だいじょうさい》という。これらは、収穫感謝のまつりであると考えられている。皇室にならって、一一月に霜月祭を行なう神社も多い。

収穫感謝のときには、稲の神に、つぎの年の農耕が順調であるようにというお願いもした。そのために、稲の刈り入れから期間をおいた、来年の農作業の開始に気持ちがむくあたりで新嘗祭がひらかれたのであろう。

このような新嘗祭がのちに、陰陽道にもとづく説明によって権威づけられることになった。新嘗祭が行なわれていた一一月は、子《ね》の月に当たる。

そして、子の月は陰の期間から陽の期間に代わる、万事のはじまりの月とされる。このことによって新嘗祭は、翌年の農耕のはじまりにふさわしい祭りだとされた。さらに子の月は、「水」の気をもつ季節である冬のはじめの月である。

だから、水気のはじめの子の月に新嘗祭を行なうことによって、翌年の稲作に必要な水の恵みが得られるとされた。さらに北極星は、子の方位つまり北（59ページの図参照）にあることから「子《ね》の星《ほし》」とも呼ばれる。それゆえ北極星にちなむ「天皇」の名をもつ君主が、子の月に力を増すとされた。

人びとは新嘗祭などの「子月祭《ねのつきのまつり》」をつうじて、「気」がもっとも強まったときの天皇の力を分けてもらえると考えたのだ。

●伊勢神宮と陰陽師

伊勢神宮の神事のなかにも、陰陽道の要素が多く取りこまれた。

陰陽道には、真東真西を結ぶ線と、真北と真南とを結ぶ線を重んじる考えがある。東と西は、春分、秋分に太陽が昇り、そして沈む方角である。太陽が昇降する位置は日によって異なるが、それは真東と真西とを中心に動いている。

そして、夜空の北極星と南斗《なんと》六星とを結ぶのが、南北の線とされた。南斗六星は、日本人にはなじみの薄い星であるが、中国でそれは「天廟《てんびょう》」と呼ばれた。天廟は真南にある、皇帝の祖先の霊をまつる場であった。

北極星の神である太一神《たいいっしん》は、天の車である「帝車《ていしゃ》」に乗って、一年で夜空を一回りして世界を統治する。この帝車が、北斗七星とされた。

●北斗七星と神嘗祭

10月22日、神嘗祭のときの正午、午後12時の北斗七星の位置

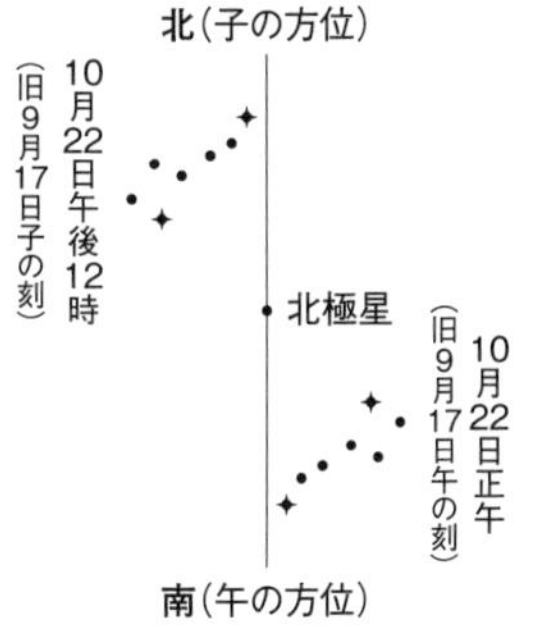

※神嘗祭の日付は旧暦との対応のため年によって変動する

出典：吉野裕子『隠された神々』（人文書院刊）

伊勢神宮は、このような世界観をとり入れ、内宮を太一神、外宮を帝車である北斗七星になぞらえた。伊勢神宮の二〇年に一度の遷宮に関連する杣始祭《そまはじめのまつり》には、「太一」の幟《のぼり》が立てられる。そして、神宮の霊的中枢とされる「心《しん》の御柱《みはしら》」に供える牡蠣《かき》や海松《みる》を入れる櫃《ひつ》には、

「太一」の旗が立てられていた。

御神体は遷宮のときに、「御被《みふすま》」と呼ばれる衣装でくるまれる。内宮の御神体の御被の文様は、太一の座所を象徴する屋形文錦《やかたもんきん》である。そして外宮の御神体のそれは、北斗七星を象徴する刺車文錦《さしくるまもんきん》である。

神嘗祭《かんなめさい》は、伊勢神宮でもっとも重んじられた神事である。そのまつりでは、旧暦九月一六日と一七日の子《ね》の刻《こく》（午前〇時）に、天照大神と豊受大神に大御饌《おおみけ》という食物からなる供え物を捧げる。そして一七日の午《うま》の刻《こく》（正午）に、神に玉串《たまぐし》を捧げ奉幣《ほうへい》を行なう。

この行事がなされる子と午の時間に対応する方位は、真北と真南になる。子は五行の「水」、午は五行の「火」で、これらの五行に対応する方位も真北と真南になる。

そして、神嘗祭の主な神事が行なわれる旧暦九月一七日の子の刻には、北斗七星の剣先《けんさき》(尾の先)が、ほぼ真北にくる。そうすると、その日の午の刻の北斗七星の剣先は、真南のあたりになる。

つまり北斗七星の剣先が、北極星をはさんで南北にちょうど相対する位置にくる日に、神嘗祭がひらかれたのだ。旧暦で祭りを行なうと、多少のずれがある。しかし、新暦の一〇月二二日に神嘗祭をひらくと、北斗七星の剣先がちょうど真北と真南にくるのである。

これまで記したように、伊勢神宮の祭祀には、多くの陰陽道の要素が入りこんでいる。このことは、陰陽道に従って祭祀を行なうことによって、天皇に好運をもたらそうとする考えからなされたものである。

災いを避ける呪術

●地震と鹿島神

江戸時代まで、鹿島神宮の祭神である武甕槌神《たけみかづちのかみ》が、地震避けの神としてまつられてきた。これは、陰陽道の考えによるものである。

五行説に「木剋土」つまり木気が土気を損なうとする考えがある。これによって、大地を崩壊させる地震は、「木」の性質をもつとされた。そして地震の災いは、大地の揺れや崩れによって起きる。そのために、地震がもたらす災厄は、土気に属すと考えられた。

茨城県鹿嶋《かしま》市の鹿島神宮の境内には、地震を鎮めるといわれる要石《かなめいし》が置かれている。「鯰《なまず》が暴れると、地震が起こる」という俗信がある。そのために江戸時代には、鹿島の神が要石で鯰を押さえる姿を描いた鯰絵が好まれた。屋内に貼って、地震除けにするためである。

陰陽道の考えに従えば、鹿島神宮の祭神は地震神となる。鹿島神宮は、日本の東端に位置する。そして東の方位は、五行の「木」になるので、そこにある鹿島神は、強い木気をもつとされるからである。

木気に属する鹿島神は、本来は地震神である。しかし、神であるので、そこを熱心にまつる人が地震の災害に遭わないようにしてくれるとされたのだ。これは、雷神である天神様が雷除けの神としての役割をもつのと同じ発想によるものである。

陰陽道によって物事を判断した人びとは、「陰陽五行のはたらきで、地震が起こるのは避けられない」と考えていた。だから、自分や自分の住む町や村が地震の被害に遭わないように願ったのだ。

鯰は、その字の成りたちから地震に結びつけられた。「鯰」は、魚偏《さかなへん》と「念」の旁《つくり》から成る。「念」は「おもう」で、「思」と同じ意味の言葉だ。そして「思」は、貌《ぼう》、視、思、言、聴の五事を五行に配当するときに、土気にあてられる。だから鯰が、地震の災いを象徴するものとされたのである。

●雷除けと火事除け

日本の習俗のなかに、陰陽道からくるものも多い。雷が落ちると、大地が傷めつけられる。だから「木剋土《もくこくど》」の考えから、雷は地震と同じく木気に属するものとされた。

それならば、「金剋木」であるから木気の苦手な金気で雷を退けることができると考えた人びとがいた。秋田県には、雷が近づくと、竿《さお》の頭に鎌を結んで庭に立てる習俗があった。鎌で雷神を脅して、家に近づかせないためだというのである。

この呪術は、「金剋木」の原理によっていることはまちがいない。これを現代の科学からみると、長い竿につけた鎌が、にわかづくりの避雷針となったことはたしかである。

節分の豆撒《まめま》きも、雷避けになるといわれた。これも、堅い豆が金気に属することによる「金剋木」の考えに立つものである。しかしそのことが、つぎのように説明される場合もあった。

「鬼も雷も、二本の角をもち、半裸で虎の皮を腰に巻いた似たような姿をしている。だから鬼を追う節分の打ち豆は、雷除けにも効果がある」

江戸時代には、正月の猿廻しは防火の呪術だと考えられていた。猿廻しの芸人は、正月だけでなく、五月と九月にも市中を巡った。

これは、五行の「火」の三合の考えによるものである。寅の月である正月、午の月である五月、戌《いぬ》の月である九月に、火気が強まるとされたのである（118ページの図参照）。

だから陰陽道は、「正月、五月、九月には、とくに火事に注意するように」と説いた。火気を抑えるには、「水剋火」で水気の力をもらうのがよい。

そして水気の三合の「水の生」（水の力が強くなって表面にあらわれはじめる時期）は、十二支のなかの申《さる》になる。そのために十二支の申の力をもつ猿をあちこちで踊らせて、火事避けにしたのである。

これまで紹介したような陰陽道にもとづく習俗はきわめて多い。現在では、それらはたんなる迷信として扱われている。しかし、近代科学以前の日本では、そのような陰陽道にもとづくものは、誤りのない科学的事実とされてきたのである。

九章

陰陽道にもとづく一生のリズムと開運の知恵

●「九星占術」「天中殺」「厄年」…の考え方

九星と天中殺

●一年ごとに変わる運気

占術の本をみると、かならず「あなたの今年の運命」に関する説明が出てくる。そのなかには西洋占星術にもとづくものもあるが、日本の伝統的な占術の大部分は、陰陽道をふまえてつくられたものである。

陰陽道は、人間の運気は旧正月を境に変わるとする考えをとっている。陰陽道は、旧暦が用いられた時代に発展したものであるからである。

しかし、現在の占術家のなかには、新暦の一年単位の占いを立てる者もいる。独自の統計で新暦を単位とする占術を組み立てる者もいるのであろうが、陰陽道に立つかぎりは、いちいち旧暦に換算して考えるのがよい。旧暦を知るには、「高島暦」などの市販の暦書が役に立つ。それらには、新暦一日ごとに、その日に対応した旧暦が記されている。

九星、十二支などの占術は、生まれ年を単位に人間を区分する。そして、「一白水星生まれの今年の運勢」「子年《ねどし》生まれの今年の運勢」といったかたちで説明していくのである。旧暦の正月は、新暦の正月の一か月ほど後にくる。だから一月生まれ、二月生まれの人は、このような占いを用いるときには、自分の生まれた年の旧暦を調べねばならない。

新暦では平成二二年一月一〇日生まれの人は、旧暦の平成二一年一一月二六日生まれになる。平成二二年は八白土星の年とされるが、正確にいえばその年の一月一〇日生まれは、旧暦の平成二一年九紫火星の年の生まれになる。

●五行の相性と一年の運気

占術家たちは「長い年月をかけた多くの統計のうえに立つ九星占術の九年周期説は、かなり当たる」と評価している。

陰陽道の九星占術は、ひとりの人間の運気の流れは、その人が生まれた年の九星によって決まるという。九星は一年ごとに変わる。そして自分の生まれ年の五行と相性の良い九星をもつ年に運気が上がり、相性の悪い九星の年に運気が下がるというのだ。

次ページの表で、一白水星の人の運気の流れをみていこう。「金生水」で、水星は金星に助けられるので、一白水星の者は六白金星、七赤金星の年にもっともよい運気を得ることになる。そして「水生木」となり、水星が力を与える三碧《さんぺき》と四緑《しろく》の木星の年の運勢もよい。

●一白水星の人の運気

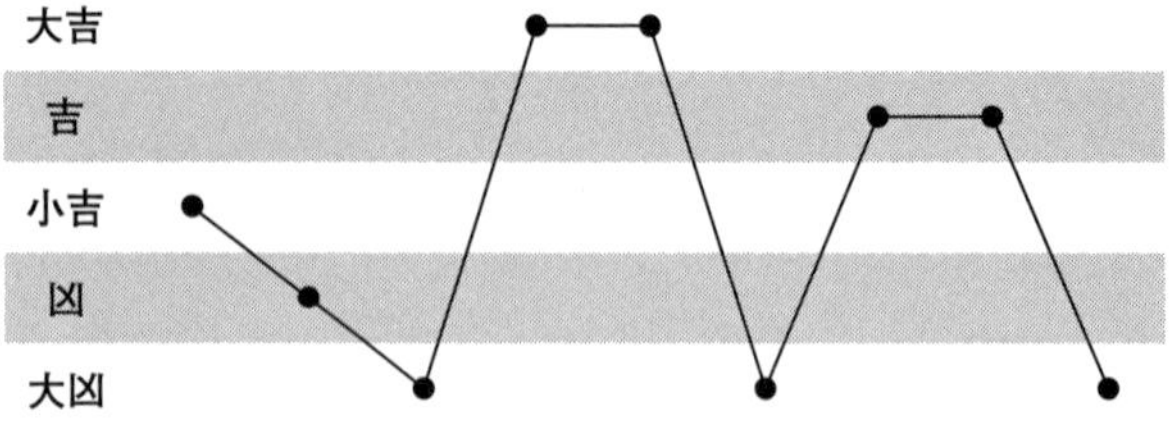

九星	一白	九紫	八白	七赤	六白	五黄	四緑	三碧	二黒
数え年	1	2	3	4	5	6	7	8	9
	10	11	12	13	14	15	16	17	18
	19	20	21	22	23	24	25	26	27
	28	29	30	31	32	33	34	35	36
	37	38	39	40	41	42	43	44	45
	46	47	48	49	50	51	52	53	54
	55	56	57	58	59	60	61	62	63
	64	65	66	67	68	69	70	71	72
	73	74	75	76	77	78	79	80	81
	82	83	84	85	86	87	88	89	90
	91	92	93	94	95	96	97	98	99
	100	101	102	103	104	105	106	107	108

同じ水星である一白水星の年の運勢は悪くはなく、わずかによい。ところが、「水剋火」で、水星が損なう九紫火星の年の運気は悪い。

さらに「土剋水」で、水星が損なわれることになる二黒、五黄、八白の土星の年の運勢は最悪になる。

上の図に示したような九年単位の運気の流れが、一生つづくのである。運気の波のかたちは、一白、二黒等の九星ごとに異なっている。そのために、九星に拠《よ》る占術家は、こう説く。

「大凶の年には新たな事を起こす

のを避けて、じっくり力を貯《たくわ》えよ」

そして、このように勧めるのである。

「大吉の年がくれば、迷うことなくそれまで計画していたことに全力で取り組め」

一白水星の人なら、数え年一三、一四、二二、二三、三一、三二といった年齢に好機が巡ってくるというのだ。

そして九星の運気の流れに逆らった動きをすると、思いがけない失策をしてしまうとされる。

●用心が必要な天中殺の年

陰陽道の十干と十二支とを組み合わせた天中殺占いは、つぎのように説いている。

「よい年が一〇年間あり、災厄に遭《あ》いやすい年が二年間ある」

この考えを、陰陽師たちは「空亡《くうぼう》」と呼んでいたが、現在では「天中殺《てんちゅうさつ》」と呼ばれることが多い。

どの年が天中殺になるかは、その人の生まれた日の十干と十二支の組み合わせで決まる。

十二支の組み合わせは、一番目の甲子《こうし》にはじまり、六〇番目の癸亥《きがい》に終わる六〇通りであ

●天中殺の年

生まれた日の六十干支（カッコの数字は干支のめぐる順番）

甲子(1)	甲戌(11)	甲申(21)	甲午(31)	甲辰(41)	甲寅(51)
乙丑(2)	乙亥(12)	乙酉(22)	乙未(32)	乙巳(42)	乙卯(52)
丙寅(3)	丙子(13)	丙戌(23)	丙申(33)	丙午(43)	丙辰(53)
丁卯(4)	丁丑(14)	丁亥(24)	丁酉(34)	丁未(44)	丁巳(54)
戊辰(5)	戊寅(15)	戊子(25)	戊戌(35)	戊申(45)	戊午(55)
己巳(6)	己卯(16)	己丑(26)	己亥(36)	己酉(46)	己未(56)
庚午(7)	庚辰(17)	庚寅(27)	庚子(37)	庚戌(47)	庚申(57)
辛未(8)	辛巳(18)	辛卯(28)	辛丑(38)	辛亥(48)	辛酉(58)
壬申(9)	壬午(19)	壬辰(29)	壬寅(39)	壬子(49)	壬戌(59)
癸酉(10)	癸未(20)	癸巳(30)	癸卯(40)	癸丑(50)	癸亥(60)
戌亥	申酉	午未	辰巳	寅卯	子丑

天中殺の干支

る。この組み合わせの最初の一〇の組み合わせの日、つまり甲子(1)から癸酉(10)までの日に生まれた者は、戌亥《じゅつがい》天中殺となる。つまり戌《いぬ》の年と亥《いのしし》の年が天中殺となるのである。

右の表に示したように、一一番目から二〇番目つまり甲戌《こうじゅつ》(11)から癸未《きび》(20)までの人は、申と酉の年が天中殺になる。このようにして十二支のなかの二個を組み合わせた、六種類の天中殺のかたちがつくられるのである。

天中殺は、たいそう恐ろしいものとされている。この年に余計な野心をもって大きなことを企てた者は、「死ぬか大病をするか、名誉を失う大失敗をする」とまでいわれる。月や日にも、各々の干支がある。そのために二年単位の天中殺だけでなく、二か月単位の天中殺、二日単位の天中殺にも用心する必要がある。

子丑《ねうし》の年が天中殺の人は、子丑の月、子丑の日も天中殺という面倒なことになる。110ページの表から子丑の月は、旧暦一一月と一二月になる(子月を新暦一二月か一月におく占術家もいる)。しかし、個々の日の干支は、いちいち暦を確かめねばならない。

天中殺の年に、天中殺の月のなかの天中殺の日が四日もしくは六日ある。このような運の下降する日には、新たな事をはじめたり他人との交渉事を行なったりするのは避けたい。

厄年と還暦

●十二支からくる厄年

現在でも、厄年は災厄に遭いやすい年として恐れられている。神社や寺院に初詣に行くと、参詣者の目につくところに厄年の年齢が貼り出されていることも多い。

●年の干支と生まれ年の十二支の相性

亥	戌	酉	申	未	午	巳	辰	卯	寅	丑	子	年の干支	
			○		■					◎	△	子	自分の生まれ年の十二支
				■		○				△	◎	丑	
◎			■		○				△			寅	
○	◎	■						△				卯	
	■	◎	○				△					辰	
■			◎			△				○		巳	
				◎	△				○		■	午	
○				△	◎					■		未	
			△			◎	○		■			申	
		△				○	◎	■				酉	
	△						■	◎	○			戌	
△					○	■			◎			亥	

◎は大吉、○は吉、△は凶、■は大凶、無印はとくに大きな出来事のない年

男性は数え年で二五、四二、六一歳、女性は数え年で一九歳、三三歳、三七歳が厄年だとされる。近年に、女性の六一歳を厄年とする社寺も現われた。この厄年と、厄年の前年である前厄の年、厄年の翌年である後厄の年とを合わせた三年間が危ない。だから、この三年間は用心深く過ごさねばならない。

厄除けで知られる社寺も多い。江戸時代には、日蓮宗の妙法寺《みょうほうじ》が「厄除け祖師《そし》」と呼ばれて多くの参詣者を集めた。この寺は現在でも、東京都杉並区にある。

厄除けの考えは、陰陽道にもとづくものである。古代中国で、十二支と個々の運の流れにもとづく多くの実例から、「自分の生まれ年と同じ十二支の年には用心せよ」という考え

●厄年（数え年）

	男			女		
	前厄	厄年	後厄	前厄	厄年	後厄
前厄	24	25	26	18	19	20
本厄	41	42	43	32	33	34
後厄	60	61	62	36 (60)	37 (61)	38 (62)

三度の厄の区分も、三年つづく厄年のあいだの区分も、「前厄」「後厄」といわれている。だから厳密にいえば、「前厄の三年間の厄のなかの前厄」と記さないと、正確な意味は伝わらない

がつくられた。数え年一三歳、二五歳、三七歳、四九歳、六一歳のときに災厄に遭いやすいというのである。

182ページの表に記したように、年の干支と生まれ年の十二支の相性からみれば誰もが、自分と同じ十二支の年に凶運に遭いやすいことになる。

この説を受けて、奈良、平安時代の貴族社会では、それらの年を厄年とする習慣がつくられた。

この厄年の考えが、江戸時代に農村に伝わった。そして農村の生活のなかから、いまのようなかたちの厄年がつくられたのである。

十二支による厄年のうち、三七歳が女性の厄年とされた。そして二五歳と六一歳が男性

の厄年となった。これとともに一三歳、四九歳は、恐れなくてよいとされた。

これとは別に、農村では古くから女性の三三歳、男性の四二歳が、節目とされていた。この年齢になった者が、村の重要な役目を担わされる習慣があったためである。村人のためのだいじな仕事に就いたことによって、体をこわす者もいた。また女性は、嫁入りの目安となる一九歳の年の災厄に気をつけねばならぬとされた。

そのために、十二支占いによる厄年と、農村で用心が必要だとされた年齢とを合わせたものが、新たな厄年になった。厄年は、病気や災難に遇いやすい年であるとともに、躍進のきっかけをつかむ年だともいわれている。

●男性の最後の厄年と還暦

干支は六〇年で一巡する。そのために、誰でも数え年六一歳のときに、自分が生まれ年の十干と十二支の同じ組み合わせの干支の年を迎えることになる。つまり、甲子の年に生まれた者は、数え年六一歳で、甲子の年に出会うのである。

多くの家で還暦《かんれき》のお祝いが行なわれている。満六〇歳の誕生日を特別なものとして、祝福するのだ。子や孫が集まって宴会をひらき、かつては、還暦を迎えた者に赤い頭巾《ずきん》と赤いちゃんちゃんこを贈った。今日では、頭巾、ちゃんちゃんこの代わりに赤いセーター、シャツ、ネクタイなどを贈ることもある。

この行事は、いまでは長寿を祝うものだと考えられている。しかし、それはもとは、男性の最後の厄年の災難を避けるための行事であった。

十二支にもとづく厄年が広まっていた貴族社会で、「男性にとって、数え年六一歳の厄年がもっとも危ない」とする考えがつくられた。これは六一歳前後に死亡したり、大病をしたりする者が多かったためである。現在でも、満六一歳前後に大病との闘病生活をおくり、それを克服《こくふく》したあと長生きした者も多い。

六一歳の厄年は、干支が一巡する還暦の年に当たる。そのために還暦の年に、「生まれ代わったつもりで出直す」災厄除けの行事が行なわれるようになった。それは五行の「火」の気を表す赤いものを用いて、やってくる災厄を「焼き亡《ほろ》ぼす」ためのものであった。

男性のなかには、六〇歳ごろまでひたすらはたらきつづけた者も多い。還暦で赤い衣類を贈られたことをきっかけに、自分の健康にも目をむけてみてはいかがであろうか。陰陽道の成果である長年にわたる統計が、男性は還暦のころは健康に気をつけるようにと教えている。

吉方位と方違え

●不運を招く金神

陰陽道は、時間の質とともに方位の特性を重んじる考えをとっている。そのために方違《かたたが》えや「吉方位《きっぽうい》取《ど》り」が、行なわれることになった。

方違えは、平安時代の貴族社会で盛んに行なわれるようになった。

現在では、日破殺、五黄殺《ごおうさつ》、暗剣殺《あんけんさつ》などが避けるべき方位とされている。しかし平安時代には、金神《こんじん》のいる方位が凶方位とされた。

金神の解釈にはさまざまなものがあるが、平安時代の陰陽師は「巨旦《こたん》という鬼神が金神である」と考えていた。牛頭《ごず》天王とその子の

●金神の方位

その年の干支	金神の方位
甲、己	午、未、申、酉
乙、庚	辰、巳
丙、辛	子、丑、寅、卯、午、未
丁、壬	寅、卯、戌、亥
戊、癸	子、丑、申、酉

※甲の年には○で囲んだ方位が金神の凶方位になる

八王子が、巨旦を滅ぼしたとされている。

この牛頭天王は、もとはチベットの牛頭山の山の神であった。この神が仏教とともに日本に入り、祇園社《ぎおんしゃ》にまつられている素戔嗚尊《すさのおのみこと》と同一の神とされた。

巨旦の死後に、その魂は七つに分かれた。そしてその一つ一つが、人間に害を及ぼすとされた。「金神七殺《こんじんななさつ》」ともいわれる。金神のいる方位を侵すと、方位を侵した本人とその親族六人とを合わせた七つの命が奪われるというのだ。

金神のいる方位は、その年の十干によって決まる。金神の方位は、十二支で示される。年によっては、十二支の十二方位のなかの六方位が金神の方位という厄介なことになる。

丙《へい》と辛《しん》の年には、子《ね》、丑《うし》、寅《とら》、卯、午《うま》、未《ひつじ》の六方位が凶方位になってしまうのだ。

●方違えの方法

平安貴族は、金神の方位にその日の重要な用事があるときに、どうしたのであろうか。平安時代によく行なわれた

●方違えの例

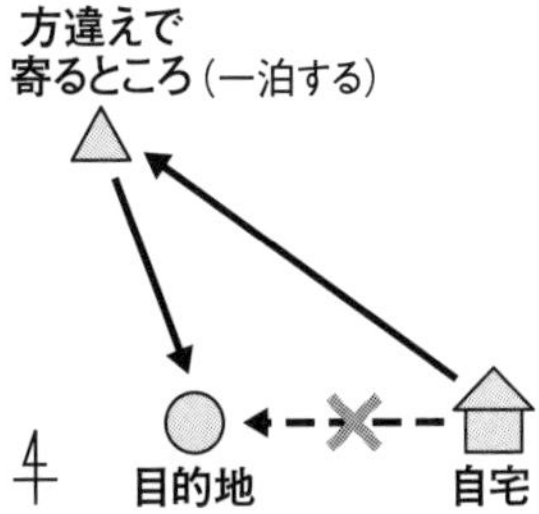

のは、前日にどこかに一泊する方法である。

甲の年には、南、南南西、西南西、西の四方位が金神の凶方位になる。この年に、家の西方にある親戚の家の祝い事に出席しなければならなくなったと仮定してみよう。

南、南南西、西南西の方位も悪い。そのためいったん南にいって北西にむかうことや、いったん北西にいって南西にむかう方法はとれない。そのために、自宅の北西で目的地より西方にあるところに一泊して、つぎの日にそこから南東に当たる目的地にいくなどの方法をとる。

こうなると、仮に泊まったところから、南東にある親戚の家の祝い事に参加することになる。金神の方位を侵さないですむのである。

平安貴族は、平素から親戚や姻戚との親密な交際を行なっていた。だから誰もが、方違えに泊まりにくる親族を歓迎したのである。

しかし鎌倉時代以後に、金神の方位除けはしだいに廃《すた》れていった。六方向も同時に凶位になるやり方は、日常生活に不便だからである。武士どうしの戦いでは、先手を取って不意討ちをかけた者が有利になる場合も多い。そのために、方位の吉凶など考えていられない緊急事態も多く生じた。

このようにして方違えの習俗は、しだいに廃れていったのである。

●吉方位と凶方位

江戸時代末以後、九星の簡略な占術が民間に普及していった（50ページ）。この動きのなかで、日破殺、五黄殺、暗剣殺といった新たな凶方位が広まっていくことになった。

前にも記したが、日破殺は十二支にもとづくもので、その日の十二支の方位の反対をさす。そして五黄殺と暗剣殺は、九星にもとづく方位である。

九星は、中央と八方位にある。中央にある九星が、その日の九星になる。そして個々の九星の位置は、そのなかで中央にくる九星によって決まり、日ごとに異なる（54ページ）。

一白が中央の日は六白が北、五黄が南などといったかたちに定まっている。そして、その日に五黄土星が位置する方位が五黄殺になる。そして五黄殺の方位の反対側が、暗剣殺である。一白の日には南方が五黄殺、北方が暗剣殺となる。五黄が中央にくる日には、五黄殺、暗剣殺の方位はない。

このような方位除けの考えは、武士、上中流の農民、町人といった知識層の一部に受け入れられた。かれらは開運を目的に、方位を考えた。

大事な商談や交渉事などのときには、日破殺などの凶方位を避けて吉方位を取ろうとしたのだ。このころから、方違えは四半刻(約三〇分)ていどで十分だとする考えが広まった。

西に大事な仕事があるが、西が凶方位に当たる。そして九星の相性からみて南東が吉方位になる。こういったときに、いったん西北の適当なところにいって四半刻時間をつぶして、南東の吉方位にある目的地にいくのである。

茶店で一服して方違えしてもよいし、きれいな野原で花を摘んで時間をつぶしてもかまわないのである。

このような陰陽道由来の方位の考えは、さまざまな占術家の研究を介して現代にまで伝わった。江戸時代の占術家も明治時代以後の占術家も、身近な実例を多く観察して占術に工夫をくわえてきたのである。

現代でも、方位の吉凶を気にする者はいる。かれらは多くの実例をふまえた方位術のなかに、近代科学では説明しきれない知恵がふくまれていると考えているのだろう。

終章 科学全盛の時代における陰陽道の活かし方

●日本人に欠かせない陰陽道

本書のこれまでの記述を読まれた方は、陰陽道が怪しげな呪術ではないことを理解していただけたと思う。陰陽師と呼ばれた人びとは、いずれもごく平凡な人間であった。かれらが物語に出てくるような「魔法使い」でないことは明らかだ。

江戸時代の日本では、朱子学が官学として重んじられた。朱子学は、中国の南宋《なんそう》代の朱《しゅ》熹《き》にはじまる儒学の一派であるが、そのなかには多くの陰陽五行説の知識が取りこまれていた。

林羅山《らざん》、新井白石《はくせき》、松平定信《さだのぶ》といった江戸時代の第一級の学者は、誰もが陰陽道の知識を使いこなしていた。かれらは、日本で工夫をくわえられた陰陽道が、中国の陰陽五行説にまさっていることを理解したのだ。

すでに記したように、江戸時代までは、東洋の経験科学である陰陽道が唯一の信じられる科学だと考えられていた。

ポルトガル人やスペイン人が、戦国時代から安土桃山時代にかけて、日本に西洋の科学知識をもちこんでいた。しかし、キリシタン弾圧の動きのなかで、西洋の科学は廃れた。地動説は日本に紹介されていたが、江戸時代の知識層はすべて天動説に立って物事を考えていた。

徳川吉宗の時代（一八世紀はじめ）以後、洋学の研究も行なわれるようになっていった。しかし日本人の大半は、最初は恐る恐るオランダ医学を用いた。陰陽道による、五行のはたらきにもとづく病因と治療法の解説のほうが、多くの人に納得のできるものであったからである。

●個性を重んじる経験科学

陰陽道の理論やそれによって立つ技術は、「あるがままの自然を重んじる」考えによるものである。

「人間は、一人一人が異なった個性をもっている。それと同様に、動物も植物もその他の自然現象もひとつとして同じものがない」

この考えのうえに、あらゆるものとうまく関わっていく知恵としての陰陽道がつくられている。隅田川という、ひとつの川を考えてみよう。冬期にそこを流れる水と、夏期にそこを流れる水とは明らかに別のものだ。陰陽道発想では、こうなる。

「五行の『水《すい》』の気に満ちた冬の気をうけた水《みず》と、五行の『火《か》』の気が充満した夏の水《みず》とは別物である。その証拠に、冬の水をかければ火事は早く消えるが、夏の水をかけても冬ほど早く消火できない」

陰陽師なら、つぎのように説明したことであろう。

「冬の『水《すい》』の気は死や病気に通じるから、水気の強いときに水《みず》に入ると体をこわす。しかし暑い『火《か》』の気に満ちた夏の水《みず》に浸《つ》かっても、体を冷やさない。だから、大いに水遊びや海水浴を楽しむのがよい」

こういった、陰陽道から導き出される結論は、近代科学からみても、けっして誤りとはいえない。江戸時代以前の知識人は、すべての自然現象を陰陽道の理論によって理解し説明してきたのである。

だから江戸時代以前の人びとは、素材である自然物の特性を、できるだけ生かす方向で工芸技術を発展させていった。

「逆柱《さかばしら》を立ててはならない」という言い習わしがある。これは建物をつくるときに、根元に近い部分を下にして、梢《こずえ》に近い部分を上にした柱を用いると長持ちするという長年の経験から生まれたものだ。逆柱を立てないことも、陰陽道にもとづく知恵である。

●占術と呪術の根底にある考え方

陰陽道は、一人一人の人間が、自分の個性に合った生き方をとるのが幸福だと説く。武芸の好きな者は武士になり、商売のうまい者は商人になるのが、自らを生かす道だというのである。

この考えから、陰陽道にもとづく多様な占術が発展した。

「自分に合った生き方は何か」

「どうすれば吉運をつかみ、凶運を避けることができるか」

知識層は、こういったことを真剣に考えたのである。それは、「責任のある生き方をしよう」という思いから行なわれたものである。

陰陽道は、陰陽、五行などの気の流れが万物を動かすという立場をとっている。そのために、「気の流れを変える呪術を行なうことをつうじて、凶運を吉運に変えることができる」という説明がなされた。

陰陽道の呪術といっても、物語の魔法のような大げさなものではない。節分の夜に戸口に柊《ひいらぎ》と鰯《いわし》の頭と豆殻を出しておく習俗を紹介したが、このような簡単なことで、気の流れを変えられると信じられたのである。

こういった呪術は、万物をつかさどる「気（天）」を善なるものとみる考えにもとづくものである。

優しい心をもつ「気（天）」が、陰陽道の呪術によって願いをかなえようとする人間を助けてくれるというのである。

しかし、明治時代以後に日本に科学（物理学）が広まった。近代物理学は、自然現象を機械的なものとみた。そこには、自然界を調和させる「気（天）」が存在するという発想はない。

そのために日本の近代化がすすむにつれて、占術や呪術は非合理なものと考えられるようになっていった。

●近代科学との相補関係

過去に著名となった占い師のなかに、事件を起こしたうさんくさい人間がいたことはたしかである。

占術が、新興宗教の布教に用いられることも多かった。教団の指導者が、占いから導いた予言を出して信者を驚かせるのである。

そのために、まじめな人間は占いを敬遠するようになった。自分なりに九星、天中殺などを計算して行動していたとしても、占術にまったく関心のないふりをして生活しているのである。

しかし、その限界を知って使うかぎりにおいては、陰陽道の占術は有益である。長年にわたる観察から導かれた八〇～九〇パーセント程度正確なものには、それなりの価値がある。

これに対して近代科学（物理学）にもとづく科学技術は、一〇〇パーセント誤りないものを求めるものであった。近代的工場の出来のよい機械を用いれば、寸分の狂いもない均一の製品が大量につくられる。

時計、パソコンなどの近代以降に発展した精密機械は、厳密な規格に従った部品を組み合わせてつくられている。部品のひとつが不具合になれば、機械ははたらかない。

江戸時代以前の道具や機械は、そうでなかった。水車のような木製の道具なら、いくらでも調整がきく。動きが悪くなれば、部品どうしの連携の悪い部分を多少削ることによって道具を使いこなせるようになる。

大自然の多様な現象のなかで、物理学の実験を用いて明らかにできる部分はわずかである。たとえば、現代の科学は、「なぜ癌ができるか」という問いに、一定の説明を行なうことは可能である。煙草、焦げた食品などにふくまれる発癌性物質などの、癌の原因はいくつか指摘されている。しかし現代の医学は、こういうほかない。

「癌にかかるかどうかに関しては、個人差が大きい」

これでは漢方医学の「気、血、津液の滞りが癌をつくる」という、抽象的でわかりづらい考えと大差がない。

しかし漢方では不可能な、近代医学の知識がある。レントゲンを用いた診断や、抗生物質を用いた治療などがそれに当たる。

物理学（近代科学）の手法を用いなければ、大掛かりな発電を前提とした電化生活やインターネット・ＡＩの利用などは不可能であった。

私たちは近代科学の効用を十分に理解したうえで、それの限界についても考えていかねばならない。

●陰陽道の後退が社会のあり方を変える

陰陽道は、人間と自然とを一体のものとしてとらえる世界観のうえにつくられた。人間は、大自然をつかさどる「気（天）」に生かされている。だから占術を用いて「気（天）」の動きを読むことによって、個人の好運、不運の流れを知ることができるというのだ。

このような、人間を自然と一体のものとする世界観は、陰陽道と深く関わる道教や儒教にもみられた。そして神道、原始仏教、バラモン教それに東南アジア、オセアニア、アフリカなどの世界各地の精霊崇拝にもとづく信仰も、人間を大自然の一部としている。

ところが近代科学（物理学）は、人間と自然現象とを完全に切り離すことを前提に発展してきた。

「あらゆる自然現象は、一定の法則にもとづいている。その法則は、物理学の実験によってつかむことができる」というのである。だから近代科学の広まりとともに、雨の神、風の神などを信仰する者が減少していった。

そうすると、「北極星も北斗七星もはるか遠くの恒星にすぎない。それは、太一神（169ページ参照）とその神の乗り物ではない」ということになる。

そして、自然界が一定の物理学的法則に従っているという発想のうえに、西洋の個人主義が広まっていった。「人間どうしが支え合って、自然に生かされている」という発想は廃れ、金銭万能の資本主義社会がつくられたのだ。

●人間の善行を重んじる陰陽道

陰陽道は、人びとに善行を勧める学問であった。人間が集まって、社会をつくる。だからその社会のなかで、人間どうしが助け合うのが大切だというのである。

近代科学（物理学）の法則は、まったく誤りのないものだとされている。しかし、本書で紹介したような陰陽、五行、九星などにもとづく法則は、絶対的なものではない。人間の善意や常識が、それらに優先するのである。

陰陽道の古典のひとつ『易経《えききょう》』に、興味深い記述がある。物事の吉凶を判断するために易を行なう。しかし、易の卦《け》（占いの結果）が道徳と一致しない場合には、その卦は無効とされるというのだ。

「誰かを殺せ」とか「反乱を起こせ」といった卦が出れば、それを無視してよい。このように、常識を優先するかたちで用いられてきたために、陰陽道が長期にわたって社会になじんできたのである。

『易経』には、つぎのようなことも記されている。悪い卦が出た場合でも、「中正《ちゅうせい》」を歩めば禍《わざわ》いを福に転じることができるというのである。

「中正」とは、私欲を捨てて、周囲の人間の立場を読んで正しい行為をすることをあらわす。陰陽道の占術で吉凶の流れを読むことはできるが、正しい者は、凶運のときでも、人びとの助けをうけて幸福になれるとされるのだ。

『花咲か爺《じい》さん』という日本の民話に、つぎのような話がある。

「裏の畑で犬のポチが鳴くので、正直爺さんがポチの目の前を掘ったところ宝物が出てきた。そこで意地悪爺さんがポチを借りてポチが鳴くところを掘ったら、汚い瓦《かわら》や貝殻しか出てこなかった」

善人にはよい事が起こり、悪人には悪い事が起こる。かつて日本人の多くは、この話をものの道理として納得した。陰陽道や神道の思想に従えば、そうなるからである。しかし、近代科学に立つ合理主義をとれば、『花咲か爺さん』の話はたいそう非合理なものになる。

近代科学は、たしかに私たちを豊かにした。しかし、科学技術の発展のなかで、人と人とのつながりを大切にする気持ちや自然を愛する生き方が廃れていったのではあるまいか。陰陽道を学ぶことによって、現代の私たちが必要とする知恵が見つかるのではあるまいか。

いまの時代を生きる私たちが陰陽道にふれるとき、この東洋の科学からさまざまな示唆を得ることができるはずであると信じている。

本書は、２０１０年11月小社刊のＫＡＷＡＤＥ夢新書
『日本人なら知っておきたい陰陽道の知恵』を改題して新装したものです。

日本人なら知っておきたい陰陽道

2010年11月15日　初版発行
2024年4月20日　新装版初版印刷
2024年4月30日　新装版初版発行

著者◉武光誠

企画・編集◉株式会社夢の設計社
〒162-0041　東京都新宿区早稲田鶴巻町543
電話（03）3267-7851（編集）

発行者◉小野寺優

発行所◉株式会社河出書房新社
〒151-0051　東京都渋谷区千駄ヶ谷2-32-2
電話（03）3404-1201（営業）
https://www.kawade.co.jp/

DTP◉イールプランニング

印刷・製本◉中央精版印刷株式会社

Printed in Japan　ISBN978-4-309-50453-7

古墳解読
古代史の謎に迫る

邪馬台国のその後、
浮かび上がる大王の実像——

武光 誠

巨大な墳丘に秘められた
〝歴史の真相〟を探る!

古市古墳群のすぐ傍《そば》に
百舌鳥古墳群が
出現した理由とは?!

河出書房新社

荘園から読み解く中世という時代

武光 誠

神・天皇・貴族・武家……
土地は誰のものか？
荘園がわかれば
日本史がつかめる！